人机协同的体育运动虚拟仿真与教学实践

王继红　盛斌　张治　李震　夏俊　王杰　司东阳　著

人民体育出版社

图书在版编目（CIP）数据

人机协同的体育运动虚拟仿真与教学实践 / 王继红等著. -- 北京：人民体育出版社，2024
ISBN 978-7-5009-6423-0

Ⅰ.①人… Ⅱ.①王… Ⅲ.①虚拟现实—应用—体育运动—教材 Ⅳ.①G807-39

中国国家版本馆CIP数据核字(2024)第023986号

*

人民体育出版社出版发行
北京盛通印刷股份有限公司印刷
新　华　书　店　经　销

*

710×1000　16开本　7印张　120千字
2024年5月第1版　　2024年5月第1次印刷
印数：1—1,000册

*

ISBN 978-7-5009-6423-0
定价：34.00元

社址：北京市东城区体育馆路8号（天坛公园东门）
电话：67151482（发行部）　　邮编：100061
传真：67151483　　　　　　　邮购：67118491
网址：www.psphpress.com

（购买本社图书，如遇有缺损页可与邮购部联系）

前　言

本书在编写过程中本着循序渐进、理论联系实际的原则，内容以适量、实用为度，注重理论知识的运用，着重培养学生利用虚拟现实技术实现人机交互界面的能力。力求叙述简练，概念清晰，通俗易懂，便于自学。为满足读者对虚拟现实技术和体育运动的探索，本书通过虚拟现实具体案例的介绍，希望读者能够体验到真实世界无法亲身体验的体育运动。对于所涉及的技术方法力求全面，且提供详尽的参考资料供读者深入学习，是一本体系创新、深浅适度、重在应用、着重能力培养的书籍。本书结合目标读者的背景，面向实践、重在应用，以丰富的案例贯穿知识讲解，将虚拟现实技术的基本理论与实际应用相结合，并力图反映虚拟现实技术在体育运动中的巧妙应用。

本书共九章，主要内容有：虚拟现实基础、环境感知、视觉反馈、体感多通道反馈、人机协同交互、体育虚拟仿真教学理论基础，以及体育教学应用与实践案例——足球、体育教学应用与实践案例——乒乓球、体育教学应用与实践案例——雪车、高山滑雪。读者根据兴趣和能力，可以通读全书，也可以选择部分感兴趣的章节进行阅读。

本书可作为大学生体育教材，也可作为大学体育教师辅导用书。在编写过程中得到上海体育学院、上海交通大学、上海市第六人民医院、上海市宝山中学、求真中学、宝山区实验小学、高境科创实验小学、上海市人工智能研究院、上海市宝山区教育局的大力支持，在此表示衷心的感谢。

编者参阅了大量的书籍、文献资料和网络资源，部分内容引用了国内外同行专家的研究成果，在此向所有资源的作者表示衷心的感谢。感谢所有对本书提出修改意见、提供过帮助和支持的专家、学者和教师，同时感谢对本书写作和出版提供帮助的所有人。

目 录

第一章 虚拟现实基础 1

一、虚拟现实的定义及特征 2

（一）多感知性 2

（二）存在感 3

（三）交互性 3

（四）自主性 3

二、虚拟现实技术的发展历史 3

（一）第一阶段：虚拟现实技术的前身 4

（二）第二阶段：虚拟现实技术的萌芽阶段 4

（三）第三阶段：虚拟现实技术概念和理论产生的初步阶段 4

（四）第四阶段：虚拟现实技术理论的完善和应用阶段 5

三、虚拟现实技术与体育教学结合现状 5

四、体育教学仿真系统的设计过程 6

（一）三维建模 6

（二）模型、场景的渲染 6

（三）模型动画设计 7

（四）虚拟场景的建立 7

（五）动作捕捉 7

小结 8

习题 8

第二章　环境感知　9

一、环境感知技术　10

二、手势识别　11

（一）手势识别简介　11

（二）手势识别系统的分类　11

三、人体姿态识别　12

（一）人体姿态识别简介　12

（二）人体姿态识别分类　14

四、图像识别　15

（一）图像识别简介　15

（二）图像识别技术的应用　15

小结　17

习题　18

第三章　视觉反馈　19

一、视觉反馈的定义　20

（一）视觉反馈是什么？　20

（二）机器视觉　20

（三）计算机视觉　22

二、视觉反馈研究及应用　23

（一）机器视觉控制　23

（二）机器视觉应用现状　24

（三）视觉反馈和仿真的Internet机器人　25

三、人机交互等待状态的视觉反馈设计　25

（一）视觉反馈设计动态形式分析　25

（二）基于构造意图的视觉反馈分类 27

小结 28

习题 28

第四章 体感多通道反馈 29

一、体感多通道反馈 30

二、体感反馈系统结构 31

（一）感知设备 31

（二）处理算法 32

（三）反馈设备 33

（四）交互界面 34

三、体感技术在体育教学中的应用 35

小结 36

习题 36

第五章 人机协同交互 37

一、人机协同交互技术 38

二、人机协同交互的核心特点与特征 40

（一）重要因素 40

（二）人机协同交互技术 40

（三）共情技术 41

三、人机交互技术的应用 42

（一）语言交互技术的应用 42

（二）图像交互技术的应用 43

（三）体感交互技术的应用 43

小结 44

习题 44

第六章　体育虚拟仿真教学理论基础　45

一、虚拟仿真教学　46

二、体育教学引入虚拟仿真技术的必要性和迫切性　48

小结　49

习题　50

第七章　体育教学应用与实践案例——足球　51

一、虚拟仿真技术在足球教学中的应用与优势　52

二、足球虚拟仿真教学设计　54

（一）教学设计　54

（二）教学内容　57

小结　64

习题　64

第八章　体育教学应用与实践案例——乒乓球　65

一、虚拟仿真技术在乒乓球教学中的应用与优势　66

二、乒乓球虚拟仿真教学设计　67

（一）教学设计　67

（二）教学内容　70

小结　80

习题　80

第九章　体育教学应用与实践案例——雪车、高山滑雪　81

一、虚拟仿真技术在雪车、高山滑雪中的应用与优势　82

二、雪车虚拟仿真教学设计——线上教学　84

（一）教学设计　84

（二）教学内容　85

三、高山滑雪虚拟仿真教学设计——线下教学　91

（一）教学设计　91

（二）教学内容　94

（三）考核　99

小结　100

习题　100

参考文献　101

第一章
虚拟现实基础

一、虚拟现实的定义及特征

二、虚拟现实技术的发展历史

三、虚拟现实技术与体育教学结合现状

四、体育教学仿真系统的设计过程

随着科技的不断发展，虚拟现实技术已经广泛应用于各个领域，包括运动训练和体育教学。传统的体育教学方式往往受时间、空间和资源等方面的限制，难以满足学生的个性化需求和全面发展的要求，而虚拟现实技术可以提供高度逼真的仿真环境和个性化的学习体验，有望在运动训练和体育教学中发挥重要作用。

一、虚拟现实的定义及特征

虚拟现实（Virtual Reality，VR）是以计算机技术为核心，结合相关科学技术，生成在视、听、触感等方面与一定范围真实环境高度近似的数字化环境。用户借助必要的装备与数字化环境中的对象进行交互作用、相互影响，可以产生亲临对应真实环境的感受和体验。虚拟现实是人类在探索自然、认识自然过程中创造产生，逐步形成的一种用于认识自然、模拟自然，进而更好地适应和利用自然的科学方法和科学技术。

虚拟现实技术是利用计算机生成一种模拟环境（如飞机驾驶舱、操作现场等），通过多种传感设备使用户"投入"到该环境中，实现用户与该环境直接进行自然交互的技术，是一种可以创建和体验虚拟环境的计算机系统技术。虚拟现实技术有以下四种主要特征。

（一）多感知性

多感知性是指除一般计算机所具有的视觉感知外，还有听觉感知、触觉感知、运动感知，甚至还包括味觉感知、嗅觉感知等。理想的虚拟现实应该具有人所具有的一切感知功能。

（二）存在感

存在感又称沉浸感（Immersive），是指用户感到作为主角存在于模拟环境中的真实程度，即除计算机技术所具有的视觉感知外，还有听觉感知、力觉感知、触觉感知、运动感知，甚至还包括味觉感知、嗅觉感知等。理想的虚拟现实应该具有人所具有的一切感知功能，达到使用户难以分辨真假的程度。

（三）交互性

交互性是指参与者对虚拟环境内物体的可操作程度和从环境得到反馈的自然程度（包括实时性）。例如，参与者可以用手去直接抓取模拟环境中的物体，这时手有握着东西的感觉，并可以感觉物体的重量，视场中被抓住的物体也立刻随着参与者手的移动而移动。

（四）自主性

自主性是指虚拟环境中物体依据各自的模型和规则按操作者的要求进行自主运动的程度。例如，当受到力的推动时，物体会向力的方向移动。

二、虚拟现实技术的发展历史

虚拟现实技术演变发展史可以分为四个阶段：1963年以前，蕴涵虚拟现实技术思想的第一阶段；1963—1972年，虚拟现实技术的萌芽阶段；1973—1989年，虚拟现实技术概念和理论产生的初步阶段；1990年至今，虚拟现实技术理论的完善和应用阶段。

（一）第一阶段：虚拟现实技术的前身

虚拟现实技术是对生物在自然环境中的感官和动作等行为的一种模拟交互技术，它与仿真技术的发展是息息相关的。我国战国时期的"风筝"，就是模拟飞行动物和人之间互动的场景，风筝的拟声、拟真、互动的行为是仿真技术的早期应用，也是我国古代人试验飞行器模型的最早发明。西方人利用中国古代风筝原理发明了飞机，发明家埃德温·林克（Edwin A.Link）发明了飞行模拟器，使操作者能有乘坐真正飞机的感觉。1962年，莫顿·海里格（Morton Heilig）发明的"全传感仿真器"，蕴涵了虚拟现实技术的思想理论。这三个较典型的发明，都蕴涵了虚拟现实技术的思想，是虚拟现实技术的前身。

（二）第二阶段：虚拟现实技术的萌芽阶段

1968年美国计算机图形学之父伊凡·苏泽兰（Ivan Sutherlan）开发了第一个计算机图形驱动的头盔显示器HMD及头部位置跟踪系统，是虚拟现实技术发展史上一个重要的里程碑。此阶段也是虚拟现实技术的探索阶段，为虚拟现实技术基本思想的产生和理论发展奠定了基础。

（三）第三阶段：虚拟现实技术概念和理论产生的初步阶段

这一时期出现了VIDEOPLACE与VIEW两个比较典型的虚拟现实系统。迈伦·克鲁格（Myron.W.Krueger）设计的VIDEOPLACE系统，将产生一个虚拟图形环境，使参与者的图像投影能实时地响应参与者的活动。由格利维（M.M Greevy）领导完成的VIEW系统，在安装了数据手套和头部跟踪器后，通过语言、手势等交互方式，形成虚拟现实系统。

（四）第四阶段：虚拟现实技术理论的完善和应用阶段

在这一阶段虚拟现实技术从研究型转为应用型，广泛运用到科研、航空、医学、军事等人类生活的各个领域。如美军开发的空军任务支援系统、海军特种作战部队计划和演习系统，虚拟的军事演习也能达到真实军事演习的效果。在我国，虚拟现实技术也有了一定的发展，如浙江大学开发的虚拟故宫–虚拟建筑环境系统、CAD&CG国家重点实验室开发的桌面虚拟建筑环境实时漫游系统、北京航空航天大学开发的虚拟现实与可视化新技术研究室的虚拟环境系统。

三、虚拟现实技术与体育教学结合现状

如何使广大学生能在短时间内更好地学会技术动作、在教学过程中采取什么样的教学方法和策略，以及在教学各个环节易犯错误如何有效采取干预措施等，成为广大体育教师在今后教学中研究的重点。传统的体育教学方法主要基于人肉眼观察到的人体运动技术及基于情感经验方法去判断教学中存在的问题，每位教师判断的标准不一，带有较强主观性，不利于客观分析每位学生的技术特征。然而，VR虚拟仿真技术实现细微动作的精确捕捉和数据分析，有统一标准去比较技术的力学特征、动作的合理性等，帮助教师和教练员科学量化地分析和纠正学生的动作，找出正确的训练方法，提高运动成绩。有研究者表示，虚拟现实技术可以从不同的角度、不同镜面示范、不同的速度进行直观的三维动画演示，让学生建立清晰的动作表象，进行模仿练习。同时可以把学生的动作与标准动作进行对比分析，找出存在的问题及时进行纠正。虚拟现实技术的出现将改变传统的体育教学方法，让使用者真正有身临其境的感觉。

在研究中，学者多从虚拟现实本身的特点构建体育教学模式。这种新的体育教学模式为学生的技能学习提供有利帮助，突破传统的体育教学模式为学生带来新鲜感，激发学生学习兴趣。此类研究多从技术本身的角度分析体育教学，从虚拟现实的特点来分析如何运用于体育教学。在这个过程中运动负荷和运动强度至关重要，这也是体育课堂教学的重点。

四、体育教学仿真系统的设计过程

（一）三维建模

建模分为三部分：人体建模、场景建模、演示建模。人体模型数据库包括头部模型、嘴鼻部细节模型、臂膀模型、前臂模型、肩关节模型、肘关节模型、腕关节模型、手部模型、上体模型、腹部模型、腰部模型、髋关节模型、大腿模型、膝关节模型、小腿模型、脚踝关节模型、脚部模型等。场景模型数据库包括运动项目场景建模等。演示建模数据库包括专业运动员演示人体建模和相关的动画设计等。系统统一采用3DS MAX、OpenGL和Unity 3D共同完成系统三维视镜的建模及相关动画的制作。

（二）模型、场景的渲染

虚拟场景的灯光设定通过3DS MAX自带的环境光提高整个场景的亮度，在合适的3D坐标处设置光源，并在适当的位置上进行光线的补充，以及对相关阴影进行柔化。要明确灯光的控制对象、灯光布置的目的性、灯光强度的控制性，这将有利于虚拟场景更快更好地完成渲染。每个模型的每个节点、分块都要进行渲染，从而保证对关键细节的真实展现。采用Unity3D自带的天空盒和灯光功能，可以给场景一个较为真实的虚拟化作业场景。

（三）模型动画设计

一般的系统设计多采用基于3DS MAX的脚本语言对相关模型对象进行动画设计。3DS MAX内嵌了强大的动画开发功能。开发者多使用3DS MAX内置的Maxscript脚本语言对模型进行动画设计。首先设计的对象是演示模型的指导姿势演示，采用关键细节强化感知的方式设计不同技术的规范动画，旨在通过规范的动作教导用户。最后的环境模型动画能在模型演示动作的同时，将产生的较为真实的印象反应出来。

（四）虚拟场景的建立

系统设计常使用Unity3D建立所需的虚拟场景，并将它运用到VR中。首先将模型在3DS MAX中建立完毕，然后分次序导出成Unity3D能导入的模式。将所有模型元素导入Unity3D引擎的场景视图，调整对应的位置关系，并划定场景边界。在Unity3D引擎中导入适当的资源包，保证程序能正常有效地运行在VR环境中，并能将沉浸式体验表现出来。

（五）动作捕捉

实时捕捉、记录、获取人体运动时的准确动作姿势，结合人体生理学、物理学等原理分析，研究动作改进方法，计算分析受试者特定关节点在某一时刻的速度、加速度、角度，并与数据库中专业运动员数据进行对比分析，增强教学互动性，提升学习体验，切实解决学习中定量研究和实时交互的关键问题。

通过大量高仿真3D动画还原人体生理机制过程，将抽象的内容三维形象化，学生可以直观地了解所学的每个知识点，深刻理解和掌握所学知识。

基于VR的体育教学仿真系统是典型的人机交互系统，其教学效果将受到硬件系统、仿真软件和操作人员三大因素的影响。能否正确地向用户展示规范的动作示范，用户的动作能否成功地被识别并分析，将成为本系统真实效果和培训效率的关键。因此需优化算法，提高代码效率。良好的图形界面有助于用户更良好的体验，系统设计常使用Unity3D作为2D界面的设计工具，采用贴图、UI导入的方式来完成界面的设计，包括初始界面、场景选择界面、动作教学选择界面、计时栏、指示栏等。

小结

本章简要介绍了虚拟现实技术的定义及发展历程，说明了一个虚拟仿真系统的实现过程。成功的虚拟现实应用既依赖于一套优秀稳定的硬件系统，同时也需要融合多方面的软件算法。在之后的各章中，将逐一介绍虚拟现实涉及的核心技术，包括定位、显示、反馈、协作等，每个方面都是当前许多科学家和工程师共同努力研究的重要问题。

习题

1. 虚拟现实技术演变有哪几个阶段？请分别介绍这几个阶段。

2. 请举出身边熟悉的虚拟现实的一个应用，并简单分析它的功能、优点、缺点等。

3. 请举出身边对自己、家人生活有困扰，但可以利用虚拟现实技术来解决的一件事情。

4. 调研现有的虚拟现实主流硬件、软件平台（不局限于本书中所列举的），通过表格的方式对比各平台的性能指标。

第二章
环境感知

一、环境感知技术

二、手势识别

三、人体姿态识别

四、图像识别

一、环境感知技术

虚拟现实需要对周围环境进行准确理解,这个过程中最重要的传感器就是摄像机。对摄像机采集的图像进行分析和理解是计算机视觉的主要任务。计算机视觉的常见任务包括图像分类、目标定位、目标检测、图像分割等。

虚拟现实手势识别简单来说是利用各类传感器对手部的基本形态、位置移动进行持续采集,在短时间内完成建模,形成模型信息的序列帧,并且将这些信息转换成相对应的指令,以实现任务操作。随着各项虚拟现实技术的成熟和传感器的不断发展,手势识别已经进入了应用模式,各类相应的产品和方案也开始崭露头角,便携程度和精准度也在不断提升。

随着科技的发展,基于虚拟现实的实时人体姿态识别在现实中扮演着越来越重要的角色,更是人机交互领域的重要研究课题。实时且准确地捕获和识别人体动作可以帮助计算机识别出人的指令并做出动作反馈,相比语音识别技术,可以达到更好的交互效果。人体识别技术在当前社会的发展中不断地取得新的成果,如何将快速发展的识别技术与虚拟现实的交互联合起来,对于虚拟现实技术的发展是至关重要的。

图像识别是虚拟现实技术中的关键技术之一,对虚拟现实技术的具体应用效果有显著的影响。从现实分析来看,图像识别属于人工智能的一个领域,其具体指的是对图像进行对象识别,所以图像识别技术就是识别各种不同模式的目标和对象的一种技术。从图像识别技术的具体应用来看,该技术的应用是以图像主要特征为基础的,举个简单的例子,要利用图像识别技术识别字母A、P和Y,需要把握三个字母的特征,其中A有个尖,而P则有个圈,Y的中间位置有个锐角。三个字母的特征不同,所以在特征把握的基础上其可以被有效识别。

二、手势识别

（一）手势识别简介

在虚拟现实中，用户身体或肢体的运动可以作为一种重要的输入通道，通过跟踪器或计算机视觉的方法跟踪人体相关部位（如头、手、臂或腿等），获得人在物理世界的运动姿态信息作为虚拟现实系统的输入，通过识别算法解释为手势（gesture）或姿势（posture），以下统称为手势。这是目前最为主要的虚拟现实输入方式之一。

（二）手势识别系统的分类

手势识别系统包含两个主要技术环节：一是人手的检测和定位，即从输入图像中找到人手存在的位置，并将人手从背景中分割出来，二是对找到和分割出的人手图像进行特征提取与识别。目前有两种手势输入设备：数据手套、摄像头（或摄像机）。

1. 以数据手套为输入设备的手势识别系统

目前使用广泛的人机交互设备是数据手套（Data Glove）。数据手套反馈各关节的数据，并经一个位置跟踪器返回人手所在的三维坐标，从而测量手势在三维空间中的位置信息和手指等关节的运动信息。这种系统可以直接获得人手在3D空间中的坐标和手指运动的参数，数据的精确度高，可识别的手势多且辨识率高。缺点是对设备的依赖性强，数据手套和位置跟踪器价格昂贵，有时也会给用户带来不便，如持戴的手部出汗等。

2. 以摄像头（摄像机）为输入设备的手势识别系统

输入设备可用单个或多个摄像头（或摄像机）来采集手势信息，经计算机系统分析获取的图像来识别手势。摄像头（或摄像机）的价格相对较低，但计算过程较复杂，识别率和实时性均较差。优点是学习和使用简单灵活，不干扰用户，是更自然和直接的人与计算机的交互方式。

目前较成功的实现手势识别的系统，都是依据手掌轮廓区域的几何特征，如手的重心及轮廓、手指的方向和形状等进行分析完成识别，或根据手掌的其他特征，如手掌的运动轨迹、手掌的肤色及纹理等进行分析识别。

在手势识别系统中，手势模型的选取对确定识别范围起着关键性作用。模型的选取往往与具体应用有关，不同的应用目的选取不同的模型。比如，对于某个给定的目的，可以先建立简单粗糙的模型，而后再根据需要建立精细有效的手势模型，这对于实现自然的人机交互是必需的，可使绝大部分手势都能被系统正确地识别出来。

目前，手势模型有基于表观的手势模型和基于3D模型的手势模型。前者通过分析手势在图像（序列）里的表观特征给手势建模，它是建立在手（臂）图像的表观之上的。后者的建模方法则有不同，是先对手和臂的运动姿态建模，然后再估计手势模型参数。

三、人体姿态识别

（一）人体姿态识别简介

人体姿态识别涉及传感器技术、计算机视觉、模式识别和机器学习等多领域交叉学科的融合，按照获取人体姿态数据类型的方式，可以划分为基于传感器和基于计算机视觉这两种方向。基于传感器的方法通常需要将采集数据的传感器设备穿戴在人体的指定部位,比如通过佩戴加速度计、陀螺仪、磁力计及压力传感器等设备来采集人体运动时的姿态变化特征。基于视觉的人体姿态识别是通过计算机和摄像头采集和处理人体姿态动作的图像和视频数据,从而对人体的姿态类型作出预测和识别。研究表明,随着计算机视觉技术的发展,通过计算机可以获取大量的人体运动和日常行为的数据集,其蕴含大量的语义信息供计算机理解和分析,尤其是随着深度学习和人工神经网络的发展,配合高性能图形处理的硬件设备(如GPU)及高性能的图像采集设备摄像头的发展,可以采集更加丰富的信息,如深度信息(RGB+D)、彩色信息(RGB)、骨骼信息(skeleton),使得姿态识别的准确率和实时性均有很大的提升,让计算机具备像人类一样可以用视觉去感知和理解周围的事物信息并自主作出决策的能力成为可能。

随着科技的发展,虚拟现实逐渐作为一个新兴的领域出现在人们的日常生活中,市场和研究的热度都在不断扩大,其结合的应用领域变得越来越广泛,如虚拟现实和医疗结合,在虚拟环境中对被施救者进行按压心肺复苏技术,结合人体姿态识别技术对施救者的错误姿态和动作进行校正,从而达到帮助学生快速掌握动作要领和专业技能有效提升的目的。在军事领域中,通过虚拟现实仿真平台搭建实际的作战场景,通过相关设备采集人体的动作和姿态信息和虚拟场景进行交互,除可以提升操作的体验感外,还能够在虚拟的作战场景中进行对战和训练,让士兵们的作战技能得到提升。此外,虚拟环境还可以提供一些复杂的人体交互及行为跟踪来配合仿真系统进行测试、训练和控制,有着相当大的潜力及研究意义。

利用人体姿态识别技术进行人机交互是虚拟现实领域中的一个重要研究课题,通过虚拟现实技术构建一个高度近似数字化的环境,用户通过自身的行动去感知和改变这个虚拟世界,并且通过常见人体姿态完成相应的交互指令,具有极强的沉浸感。因此,在虚拟环境中如何实时采集和获取人体的姿态信息并且准确识别出人体的动作命令,从而实时通过虚拟现实的计算机仿真系统与人们进行交互和信息的反馈,以便更好地提升虚拟环境中人机交互的体验效果,是虚拟环境中人体姿态识别技术研究的重要意义之一。

（二）人体姿态识别分类

人体姿态识别的方法一般分为关节点数据行为识别和视频图像数据的姿态识别，下面对这两种姿态识别的技术进行简要介绍。

1. 基于视频的姿态识别研究

视频是由一系列的彩色图像组成的，按照图像特征提取方法可以分为两大类：基于全局特征的方法和基于局部特征的方法。

基于全局特征的方法主要有四个步骤，分别是运动目标的检测、运动目标的跟踪、特征提取、动作分类。具体的方法：①针对首张含有目标物体的图像进行目标物体与背景的分离；②根据目标物体的初始位置预测下一时刻的位置，从而获得整个视频每帧图像中目标物体的区域；③对每帧中算法预测的目标物体所在的区域进行整体的描述；④以此特征作为输入进行目标物体识别与分类。基于全局特征的动作识别方法可以保留原有图像的完整信息，使得动作识别时识别的动作之间区分性增强，但这种方法需要大量的预处理操作，且易受视角等因素的干扰。

基于局部特征的识别方法，是将图像或视频数据看作小的图像块集合，对这些图像块信息进行描述整合，最后进行动作的识别。

2. 基于人体关节点的姿态识别研究

根据人体关节点数据特征的物理特点将动作识别分为两大类：基于联合的方法和基于身体部分的方法。所谓基于联合的方法就是将人体关节点数据视为一组点进行特征提取，而基于身体部分的方法则认为骨骼是一组相连的刚性结构，例如通过直接计算身体部位之间的几何关系得到人体的关节角度特征。人体关节点数据作为人体行为的重要数据，是计算机理解人行为的有效信息之一。在现实的生活中，许多关于人体关节点数据的两类姿态识别也被大量研究。

四、图像识别

（一）图像识别简介

在目前的虚拟现实技术利用实践中，图像识别技术的应用对于虚拟现实有非常重要的作用。举个简单的例子，要利用虚拟现实技术进行场景的模拟和人物的虚构，需要掌握场景的特点，同时还要对人物形象进行构建，要想让体验者在虚拟环境中真正地获得沉浸感，则人物、环境需要能够被识别，而具体的识别工作就需要利用图像识别技术。简单来讲，在虚拟现实技术应用实践中，如果缺少了图像识别技术，相应的场景构建和模拟便无法实施，所以图像识别技术在虚拟现实技术中的利用是不可替代的。明确图像识别技术的具体应用，对于进一步研究图像识别技术等有重要的意义。

（二）图像识别技术的应用

在虚拟现实技术应用实践中，图像识别技术的应用比较广泛。当然，要在实践中充分地利用虚拟现实技术的关键技术——图像识别，需要对图像识别的原理进充分理解，这样技术应用的专业性和规范性才会全面提升。

1. 图像识别的原理和过程

明确图像识别的原理和过程对该技术的具体应用有突出的现实价值。就目前的分析来看，图像识别技术的基本过程包括五个环节，以下是识别的过程详解。

（1）信息的获取。信息获取主要利用的是传感器。传感器可以将光、声音等信号进行电信息转化。就信息而言，既可以是二维的图像，比如文字、图像等，也可以是一维的波形，比如声波、心电图等，还可以是物理量或逻辑值。

（2）信息的预处理。在获取了基本的信息之后，就可以对转换所得的电信号进行预处理。具体的处理包括A/D、二值化、图像的平滑、变换、增强、恢复等。一般来讲，信息的预处理主要是进行图像处理。

（3）进行特征的抽取和选择。图像识别的关键是进行特征的识别，所以在具体实践中，要识别图像，需要对图像的特征进行抽取。举个简单的例子，如果是一幅64×64的图像，其可以得到4096个数据。这种处于测量空间中的原始数据通过变换可以获得特征空间，而特征空间在反映分类本质特征方面有积极的意义。可以说，原始数据变换、提取过程实际上就是图像特征提取和选择的过程。

（4）分类设计。就分类设计而言，其主要的功能是通过训练实现判决规则的确定。在确定了判决规则后利用该规则进行具体分类，错误率会降低。

（5）进行分类决策。在特征空间中对识别对象进行分类，最终可以获得识别结果。

2. 图像识别技术的使用

从实践分析来看，图像识别技术是立体视觉、运动分析、数据融合等使用技术的基础，其在多个领域发挥着重要的作用，所以就图像识别技术的具体使用进行分析与讨论则有很强的现实价值。

（1）遥感图像识别。从图像识别技术的具体应用分析来看，遥感图像识别在航空遥感和卫星遥感中有重要的应用。利用图像识别技术可以进行有用信息的提取，这对于地质地形勘测，森林、农业调查等有积极的作用。例如，每年夏季，长江中下游地区（如江西北部、安徽南部等）会受到洪水灾害的威胁，利用遥感图像识别技术进行河流范围、湖泊面积等的测量分析，可以预判河流、湖泊的变化趋势，这对于灾害预警工作有积极的意义。简言之，强调图像识别技术的分析与应用对目前的社会工作实践有积极的作用。

（2）生物医学图像识别。对现代医学进行总结分析会发现图像识别的应用非常广泛。在医学实践中，图像识别技术的显著特点是直观、无创伤和安全方便，其能够为临床诊断和病例研究提供更加丰富的参考资料。例如，在患者的疾病诊疗中，并不是所有的疾病都会表现在外部，所以要想真正地确定疾病，还需要对脏器进行检查。利用图像识别技术，不需要通过手术便可以对患者的脏器等进行检查，基于检查结果和患者的具体表现，疾病诊断的准确性会明显提升。

（3）机器视觉领域的应用。机器视觉是智能机器人的重要感觉器官，其可以实现对 3D 图像的理解和识别，该技术是目前研究的热门之一。就机器视觉的应用来看，其领域十分广泛。例如，工程实践需要做全面的区域勘察与测评，但是部分区域具有危险性（如深水环境、有大量化学污染的环境等），人类是无法进入其中做相关测量和分析的，在这些环境中利用机器人进行相关测量，可以获得相应的数据，而机器人在自主工作的过程中，其借助的重要感官便是机器视觉。再比如在2020年初的新冠肺炎疫情防治中，为了有效地避免人员接触，切断传染源，在一些场合利用具有自主性的机器人进行服务成为一大亮点。机器人在服务过程中能够科学避让障碍物，准确地达到服务效果，这与图像识别技术的有效利用是分不开的。

小结

图像输入对于虚拟现实系统的重要性，不亚于眼睛对于人类的重要性。现有的计算机视觉方法虽然已取得了长足进展，在一些特定任务上，如人脸识别等，已经在速度和准确性上超过了普通人类。但在上述的一些功能上，相比人类长期进化的神经系统，计算机视觉的方法还尚显稚嫩。在主流的虚拟现实平台上，一些功能已经集成了包括手势识别、人体姿态识别等。但不少功能仍有局限性，如姿态识别可能存在人数限制。此外，上述功能普遍是计算量大的、基于显卡的深度学习方法。虽然近年来移动端的深度学习框架愈发普遍，但是功耗与计算量的平衡一直都是移动端设备开发者时刻谨记的。计算量的制约可以通过搭建客户/服务器架构解决，即将图像上传到服务器，利用自研算法获取相关结果，再反馈给客户端。

习题

1. 请简要描述手势识别系统的分类。
2. 请简要描述常见的两种人体姿态识别的方法。
3. 请简要叙述图像识别技术的原理。
4. 请简要说明图像识别对虚拟现实技术的意义。

第三章
视觉反馈

一、视觉反馈的定义

二、视觉反馈研究及应用

三、人机交互等待状态的视觉反馈设计

一、视觉反馈的定义

（一）视觉反馈是什么？

视觉反馈是将个体接收的视觉信息进行感知反应和认知回馈。

人类在认识外部世界的过程中，80%的信息是通过视觉提供的。视觉系统与脑的许多高级功能密切相关，深入而系统地研究视觉通路及其信息加工，是神经科学和认知科学研究的前沿课题。视觉的形成由视觉器官、视觉通路和多级视觉中枢参与，包括视觉信息反馈阶段和视觉信息处理阶段。视觉信息主要由作为感觉器官的眼产生，眼依靠折光成像机制与感受机制将视觉刺激转换为视神经信号。视觉信息的处理包括感觉和知觉两个部分，前者从视觉信息中获取目标基本特征，如颜色、明暗、方位等；后者是获得视感觉信息所具有的深层意义的过程，它使得视觉主体能够理解视觉刺激的内容，从而指导主体采取行动。

（二）机器视觉

机器视觉产生于工业自动化。在现代工业自动化生产中，涉及各种各样的检查、测量和零件识别应用，例如汽车零配件尺寸检查和自动装配的完整性检查、电子装配线的元件自动定位、饮料瓶盖的印刷质量检查、产品包装上的条码和字符识别等。这类应用的共同特点是连续大批量生产、对外观质量的要求非常高。通常这种带有高度重复性和智能性的工作只能靠人工检测来完成，我们经常在一些工厂的现代化流水线后面看到数以百计甚至逾千的检测工人来执行这道工序，在给工厂增加巨大的人工成本和管理成本的同时，仍然不能保证100%的检验合格率，而当今企业之间的竞争，已经不允许哪怕是0.1%的缺陷存在。有些时候，如微小尺寸的精确快速测量、形状匹配、颜色辨识等，用人眼根本无法连续稳定地进行，其他物理测量传感器也难有用武之地。这时，人们开始考虑把计算机的快速性、可靠性及结果的可重复性，与人类视觉的高度智能化和抽象能力相结合，由此逐渐形成了一门新学科——机器视觉。

机器视觉是研究用计算机来模拟生物宏观视觉功能的科学和技术。通俗地说，就是用机器代替人眼来做测量和判断。首先，采用CCD照相机将被摄取目标转换成图像信号，传送给专用的图像处理系统，根据像素分布和亮度、颜色等信息，转变成数字化信号；其次，图像系统对这些信号进行各种运算来抽取目标的特征，如面积、长度、数量、位置等；最后，根据预设的容许度和其他条件输出结果，如尺寸、角度、偏移量、个数、合格/不合格、有/无等。机器视觉的特点是自动化、客观和非接触，与一般意义上的图像处理系统相比，机器视觉强调的是识别和判断，以及工业现场环境下的可靠性。

机器视觉是一个相当新且发展十分迅速的研究领域。人们从20世纪50年代开始研究二维图像的统计模式识别，60年代罗伯茨（Roberts）开始进行三维机器视觉的研究，70年代MIT人工智能实验室正式开设"机器视觉"课程，80年代开始了全球性的研究热潮，机器视觉获得了蓬勃发展，新概念、新理论不断涌现。现在，机器视觉仍然是一个非常活跃的研究领域，与之相关的学科涉及图像处理、计算机图形学、模式识别、人工智能、人工神经元网络等。

典型的机器视觉控制系统一般包括：光源、镜头、CCD照相机、图像处理单元（或图像采集卡）、图像处理软件、监视器、通信或输入输出单元等。视觉系统的输出并非图像视频信号，而是经过运算处理之后的检测结果，如尺寸数据或者判断分类等。上位机如PC和PLC实时获得检测结果后，指挥运动系统或I/O系统执行相应的控制动作，如定位和分选等。其基本组成模块如图3-1所示。

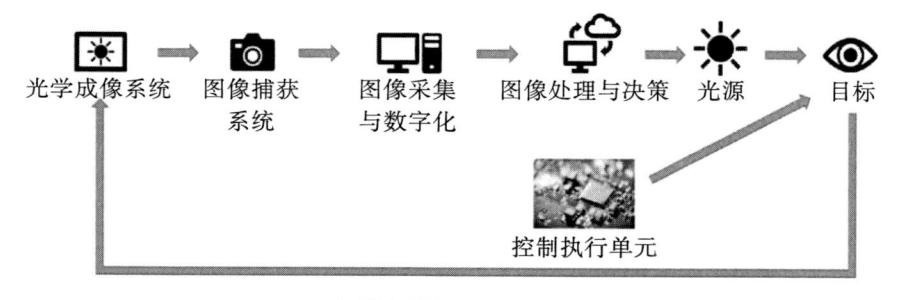

图3-1　机器视觉控制系统基本组成模块

（三）计算机视觉

计算机视觉开始于20世纪50年代的统计模式识别，当时的工作主要集中在二维图像分析、识别和理解上，如光学字符识别、工件表面、显微图片和航空照片的分析和解释等。20世纪60年代，罗伯茨将环境限制在所谓的"积木世界"，即周围的物体都是由多面体组成的，需要识别的物体可以用简单的点、直线、平面的组合表示。通过计算机程序从数字图像中提取出诸如立方体、楔形体、棱柱体等多面体的三维结构，并对物体形状及物体的空间关系进行描述。

罗伯茨的研究工作开创了以理解三维场景为目的的三维机器视觉的研究。到20世纪70年代，已经出现了一些视觉应用系统。70年代中后期，电视摄像技术的成熟与计算机的发展为研究计算机视觉提供了先进的技术手段，这一时期麻省理工学院（MIT）人工智能实验室创立了计算机视觉研究小组，并开设了"机器视觉"（Machine Vision）课程，这吸引了许多知名学者进行机器视觉的理论、算法、系统设计的研究。1977年，马尔（Marr）提出了不同于"积木世界"分析方法的计算机视觉理论（Computational Vision），该理论在20世纪80年代成为计算机视觉研究领域中的一个十分重要的理论框架。马尔提出，对于视觉信息处理过程的研究应分为三个层次，即计算理论层、表示算法层、硬件实现层。三者分别回答了信息处理过程中的输入和输出及两者之间的约束、输入和输出的表示和相应的算法，以及在物理上如何实现这种表示和算法。这一框架虽然在细节上甚至在主导思想上还存在不完备的方面，许多地方还有很多争议，但至今仍是计算机视觉研究的基本框架。马尔的理论为我们提供了研究机器视觉许多珍贵的哲学思想和研究方法，同时也给计算机视觉研究领域创造了许多研究起点。

20世纪80年代以后，计算机视觉获得了蓬勃发展，新概念、新方法、新理论不断涌现，越来越多的计算机视觉研究者对传统的基于马尔框架的通用视觉提出挑战。目的视觉、主动视觉，是近年来计算机视觉领域的研究热点。与基于马尔的通用视觉理论不同，主动视觉强调两点，一是认为视觉系统应具有主动感知的能力；二是认为视觉系统应基于一定的任务（Task Directed）或目的（Purposive Directed）。同时，主动视觉认为不基于任何目的视觉的过程是毫无意义的，必须将视觉系统与具体的目的（如导航、识别、操作等）相联系，从而形成感知/作用环（Perception/Action Cycle）。目的视觉认为视觉都有目的，目的就是行为。针对具体的对象和应用场合，目的视觉已经广泛应用于工农业及其他各行各业。通用视觉的研究更偏重于基础理论，目的视觉更面向应用。通用视觉的研究应借鉴目的视觉中的主动感知、反馈控制等成果，目的视觉的研究为通用视觉的研究寻求新的生长点。

二、视觉反馈研究及应用

（一）机器视觉控制

机器人视觉控制是指机器人通过视觉系统接收和处理图像，并通过视觉系统的反馈信息进行相应的操作。机器人按构型一般分为直角平面构型、SCARA平面关节构型、球坐标构型、圆柱坐标构型和链式构型等几种。

视觉控制可分为基于位置、图像和混合视觉控制三类。基于位置的视觉控制利用标定得到的摄像机内外参数对目标位姿进行三维重建，进而可以通过轨迹规划求得机器人末端执行器下一周期的期望位姿，再根据机器人逆运动学求出的各关节量通过控制器对关节进行控制，按重建坐标的作用进一步可分为位置给定型和反馈型两类。在立体视觉系统中，可以通过多条光路对目标位姿进行三维重建，布拉德利（Bradley）等研制的插孔装配机器人采用全局与局部观测，共四条光路，其中一条光路用于粗定位，其余几条光路用于精定位。张秀峰等研制的光纤对接机器人采用两条正交光路分别获取垂直和水平平面的图像，其中一条光路专门获取深度信息，但这些方法均使用多台摄像机，故需要对图像进行特征匹配，另外也增加了系统成本。而在单目视觉系统中深度估计是最为重要的问题，许多学者提出了不同的深度估计方法，如经典的变焦深度法利用目标清晰时的相对深度作为其深度信息；还有以投影的像素数量作为依据求取深度，因此该方法需要较高分辨率的摄像机；冯精武等使用梯度能量法作为图像清晰度函数，利用函数极大值估计深度，但这些方法都只能确定是否在同一水平面而无法获得具体的深度。而随着多信息融合技术的发展，人们开始借助其他类型传感器如超声波、激光和红外等手段获取深度信息。研究者在智能抓取机器人中结合使用摄像机和超声波两种传感器，利用超声波的发射和接收来探测深度信息，此外还有激光和红外测距等，但需要对多传感信息进行融合，而最新的ToF（Time-of-Flight）深度摄像机的出现也提供了一种新的解决方法，即向目标连续发送光脉冲后，用接收器接收从目标反射的光脉冲，通过计算光脉冲的往返时间获得目标的距离。

（二）机器视觉应用现状

机器视觉是计算机视觉的产业化部分，这两者之间存在的微妙区别就在于前者假设计算机是能够模拟视觉的，而后者只是认为人类视觉的处理机制可以用机器来模拟。机器视觉既属于工程领域，也是科学领域中的一个富有挑战性的重要研究领域。它是一门综合性的学科，已经吸引了来自各个学科的研究者参加到对它的研究之中，其中包括计算机科学和工程、信号处理、物理学、应用数学和统计学、神经生理学和认知科学等。视觉是各个应用领域，如制造业、检验、文档分析、医疗诊断和军事等领域中各种智能、自主系统中不可缺少的一部分。由于它十分重要，一些欧美国家，如美国把对机器视觉的研究列为对经济和科学有广泛影响的科学和工程中的重大基本问题，即所谓的重大挑战（grand challenge）。机器视觉的挑战是要为计算机和机器人开发具有与人类水平相当的视觉能力。

在国外，机器视觉的应用普及主要体现在半导体及电子行业，其中40%～50%都集中在半导体行业。另外，机器视觉系统还在质量检测的各个方面得到了广泛的应用，并且其产品在应用中占据着举足轻重的地位。除此之外，机器视觉还用于很多领域。

而在国内，随着我国配套基础建设的完善，技术、资金的积累，各行各业对采用图像和机器视觉技术的工业自动化、智能化需求开始广泛出现。国内有关大专院校、研究所和企业近几年在图像和机器视觉技术领域进行了积极思索和大胆的尝试，逐步开始应用于工业现场。这些应用大多集中在如药品检测分装、印刷色彩检测等低端方面,而真正高端的应用还很少。因此,以上相关行业的应用空间还比较大。当然,其他领域如指纹检测等也有着很好的发展空间。

在机器视觉赖以普及发展的诸多因素中,有技术层面的,也有商业层面的,但制造业的需求是决定性的。制造业的发展,带来了对机器视觉需求的提升;也决定了机器视觉将由过去单纯的采集、分析、传递数据、判断动作,逐渐朝着开放性的方向发展,这一趋势也预示着机器视觉将与自动化更进一步的融合。

(三)视觉反馈和仿真的Internet机器人

随着网络技术的发展,基于Internet的机器人遥控操作因其广泛的应用前景而成为研究的热点,如何消除Internet引入的复杂时延对控制系统的影响是解决问题的关键。现有研究在分析Internet两点间时延规律的基础上,设计并实现了一个基于视觉反馈和预测仿真的机器人遥操作系统,三维仿真服务器模拟出操作现场,远程用户根据视觉反馈和本机的三维仿真及时作出控制决策;同时,为了消除时延可能导致的超调所带来的安全隐患,采取远程控制结合本地自主控制的模式,由本地服务器完成最后的小区域内的精细操作。已有实验结果表明,仿真预测和控制模式切换有效地补偿了时延,保证了控制系统的鲁棒性和安全性。

三、人机交互等待状态的视觉反馈设计

(一)视觉反馈设计动态形式分析

影响动态视觉反馈形式的四种物理属性分别是路径(path)、范围

（area）、方向（direction）和速率（speed）。有实验表明，用户会因为移情作用对动态效果存有特定的情绪，动态形式（速率、范围、方向、路径）的细微变化也会引起用户的感受变化。

速率是指视觉反馈运动发生的速度。如果视觉反馈动作速度太慢，可能会使用户感到厌烦或沮丧；而速度太快，会导致用户来不及反应而丢失交互目标或正在进行的交互任务。适当的过渡速度可促进用户跟随人机界面交互，而不会使任务复杂化。建议在满足持续时间尽可能短的条件下，避免太过突然或震颤。有研究指出，动态视觉反馈的方向能够向用户传达正确的信息。范围指元素在动画的两个帧之间移动的距离。视觉反馈运动一般依照自然界中的物体运动，如对角线运动看起来就是自然的弧线运动，动态视觉反馈的设计应根据重要级别使用简单或复杂的运动。方向是制作动态视觉反馈中最重要及最有用的设计原则，当动态视觉反馈从一种状态切换到另一种状态应该总是在一个方向上的。但是，当一个人想要取消或者撤销一个操作，移动的方向应该是相反的。路径指视觉反馈的运动轨迹。

尽管这些发现表明，动态视觉反馈的速度和持续时间会显著影响用户的认知，但仍需要科学研究来系统地研究运动特征（速度、持续时间、动作幅度等）与动态视觉反馈的物理外观之间的相互作用，以及对用户认知和满意度的影响。

综上所述，影响动态视觉反馈质量的主要因素之一是其运动的速度或持续时间。一些研究表明，动画速度可能会影响感知到的信息显著性。与普通动画速度相比，更高的动画速度可以增强用户对机器工作原理的理解。如果动画持续时间太长，可能会对用户的等待体验产生负面影响，甚至导致放弃。但是，如果持续时间太短，则用户几乎不会注意到它。因此，分析动态视觉反馈形式特征，研究在不同的动态形式下用户满意度，并针对动态视觉反馈进行优化设计，以此增强动态视觉反馈传达状态的效率。

另外，人与动态视觉反馈的交互过程中，视觉反馈的动态形式与形状特征也会影响用户认知绩效、用户偏好与用户满意度。一些研究从视觉反馈的几何形状、抽象性、复杂度、颜色等方面对人体生理及心理的影响，发现了动态视觉反馈可以增强用户对于人机界面的理解性与认知绩效，而视觉反馈形式则会影响用户的满意度。研究视觉反馈动态形式的设计准则，对提高用户满意度及体验具有实践价值和理论意义，但是，目前的研究大多只是基于人类视觉系统对于视觉反馈设计的感性判断，并没有形成量化分析模型，尚缺乏对视觉反馈动态形式的量化研究，未深入探讨视觉反馈动态形式与用户使用感受之间的关联性。

（二）基于构造意图的视觉反馈分类

经过对近100个等待页面的调查发现，常见的视觉反馈分为四类：显式进度提示（可预测结束时间）、隐式进度提示（不可预测结束时间）、享乐性进度提示、功能性进度提示。图3-2是常见的人机等待界面中的视觉反馈。

图3-2 人机等待界面中的视觉反馈

1. 显性与隐性

交互等待下的反馈信息主要有两种，一是以简单的文本格式（如网络订票程序中显示"正在为您努力占座中，请稍等"）显示，二是以各种视觉格式显示已完成的进度和剩余等待时间的反馈。视觉反馈又分为"显式"和"隐式"，"显式"是指清楚明确表达的内容，而"隐式"是指隐含而非直接表达的内容。从0%开始连续填充至100%的视觉反馈，可以清楚明确地获取结束时间与相关等待信息的视觉反馈称为显性进度提示；反之，重复移动的进度条、无法获取结束时间与相关等待信息的视觉反馈称为隐式进度提示。

2. 享乐与功能

另一种可能影响等待时间感知的常见视觉反馈设计是视觉反馈的构造意图。视觉反馈的构造意图表示人们在等待时看到此对象的程度或情感。因此进度提示可以分为享乐性进度提示和功能性进度提示，享乐性进度提示可能会使用诸如动画卡通形象，如飞机、云等卡通形象来唤起人们的娱乐和享受状态，而功能性进度提示会简单地利用诸如纯圆点或矩形条之类的功能性符号。两种类型在互联网上都很常见。研究表明，激发情感的对象比那些仅提供功能价值的对象会引起用户更多关注。诺曼在他的《情感设计》一书中表示，与那些只注重功能的产品相比，视觉上有吸引力的产品提供了更多的关注和价值，因为情感形状或符号更引人注目且更具吸引力。

小结

视觉反馈是虚拟现实领域一项重要的支撑技术，在虚拟环境中加入视觉反馈有助于提高交互性能，常应用于机器人的制作。本章通过介绍视觉反馈的定义和应用，深入展示了该技术的重要性，充分说明人机交互的发展离不开对视觉反馈的研究。

习题

1. 请阐述视觉反馈的定义。
2. 请指出包含视觉反馈的应用。
3. 请举例说明视觉反馈对于某些方面的作用。
4. 调研现有的视觉反馈，通过一些数据感受视觉反馈给我们带来的便利。

第四章
体感多通道反馈

一、体感多通道反馈

二、体感反馈系统结构

三、体感技术在体育教学中的应用

一、体感多通道反馈

体感多通道反馈是指在用户与计算机、智能设备或虚拟现实系统进行交互时，通过多种感官通道提供反馈，以增强用户的感知和体验。这些感官通道包括视觉、听觉、触觉和运动感觉。

视觉通道是最常见的反馈通道之一，它可以通过屏幕、投影仪或头戴式显示器等显示设备提供图像和视频反馈，如场景变化、物体移动和动态效果。

听觉通道可以通过扬声器或耳机等设备提供声音反馈，如音效、音乐和语音提示。

触觉通道可以通过触觉反馈设备，如振动器、力反馈设备和触觉手套等，向用户提供触觉上的反馈，如物体的质感、形状和重量等。

运动感觉通道可以通过运动感应设备，如体感游戏机、运动追踪器和虚拟现实控制器等，向用户提供运动感觉上的反馈，如运动轨迹、力度和速度等。

综合运用这些感官通道，可以为用户创造出更加真实、丰富和身临其境的交互体验。例如，在虚拟现实游戏中，用户可以通过头戴式显示器获得视觉反馈，通过运动追踪器获得运动感觉反馈，通过触觉反馈设备获得触觉反馈，从而获得更加真实的游戏体验。

体感多通道反馈是一种基于多种传感器和反馈机制的交互技术，旨在提高用户与虚拟环境的沉浸感和交互效果。它涉及多种感知通道，如视觉、听觉、触觉等，通过这些通道向用户提供多样化的反馈，以增强用户对虚拟环境的感知和体验。

体感反馈系统通常由感知设备、处理算法、反馈设备和交互界面四部分组成，它们共同构成了体感反馈系统的核心和支撑，实现了多通道的反馈和交互。体感多通道反馈系统通常包括以下组件：

（1）感知设备。如头戴式显示器、手柄、手套等，用于捕捉用户的动作和姿态，并将其转化为虚拟环境中的相应操作。

（2）传感器。如加速度计、陀螺仪、压力传感器等，用于捕捉用户的生理反应和环境变化，并将其转化为相应的反馈信号。

（3）反馈设备。如震动反馈装置、音频输出装置、光线控制装置等，用于向用户提供不同形式的反馈信号，以增强用户的感知和体验。

通过综合运用多种感知通道和反馈机制，体感多通道反馈技术可以帮助用户更加自然地与虚拟环境进行交互，并且提高用户对虚拟环境的感知和认知能力。这种技术已经广泛应用于游戏、教育、医疗等领域，成为了增强现实和虚拟现实等交互技术的重要组成部分。

二、体感反馈系统结构

（一）感知设备

感知设备是用来收集用户动作和环境信息的设备，如运动追踪器、摄像头、麦克风等。这些设备可以记录用户的身体动作、语音指令、周围环境的声音等信息，并将这些信息传输到计算机或智能设备中进行处理。

感知设备包括多种类型的传感器和设备，主要列举如下：

（1）运动追踪器。可以追踪用户的身体运动，收集用户的运动数据，并实时反馈给用户或教练员。

（2）摄像头。可以通过拍摄用户的动作和周围环境，收集用户的视觉信息，并进行分析和处理，提供更加准确和全面的反馈。

（3）传感器。可以通过测量用户的体温、心率、呼吸等生理指标，收集用户的生理信息，并提供相应的反馈和指导。

（4）声音识别器。可以通过识别用户的声音，收集用户的语音信息，并提供相应的反馈和指导。

感知设备的应用非常广泛，涵盖了多个领域，例如：①运动训练和竞赛。感知设备可以通过运动追踪器和摄像头等设备，实时监测运动员的动作和周围环境信息，并提供相应的反馈和指导。②医疗保健。感知设备可以通过传感器和声音识别器等设备，收集用户的生理信息和语音信息，并进行分析和处理，提供更加准确和全面的医疗保健服务。③智能家居。感知设备可以通过传感器等设备，收集用户的生活习惯和偏好，并自动化地进行控制和调整，提高用户的生活质量和便捷程度。

感知设备是体感多通道反馈系统中的重要组成部分，它可以通过收集用户的身体动作和周围环境信息，为反馈设备提供数据来源，实现更加准确和全面的反馈和指导。

（二）处理算法

处理算法是对感知设备收集到的数据进行处理和分析的算法。它们可以从传感器数据中提取出用户动作的方向、速度、加速度等信息，并将这些信息转化为计算机可以理解的形式。处理算法还可以将这些信息与用户的意图进行匹配，从而实现对用户动作的识别和解释。

处理算法包括多种类型，主要列举如下：

（1）信号处理算法。可以对收集到的运动数据和环境信息进行滤波、去噪、放大等处理，提高数据的质量和准确度。

（2）运动分析算法。可以对收集到的运动数据进行分析和处理，计算出用户的运动姿势、力度、速度等参数，并通过反馈设备进行输出。

（3）机器学习算法。可以对收集到的数据进行模式识别和分类，提高数据的分析和处理效率，同时也可以根据用户的反馈数据进行自适应学习和优化。

处理算法在不同场景中的应用表现在：①处理算法可以通过运动分析算法和机器学习算法等，对运动员的运动数据进行分析和处理，计算出相应的反馈和指导，并通过反馈设备进行输出。②处理算法可以通过信号处理算法和机器学习算法等，对收集到的生理数据进行分析和处理，提供更加准确和全面的医疗保健服务。③处理算法可以通过机器学习算法等，对收集到的用户数据进行模式识别和分类，从而自动化地进行控制和调整，提高用户的生活质量和便捷程度。

处理算法是体感多通道反馈系统中的核心部分，它可以通过对收集到的用户运动数据和周围环境信息进行分析和处理，计算出相应的反馈和指导，进而实现更加准确和全面的反馈和指导。

（三）反馈设备

反馈设备可以将处理算法生成的反馈信号转化为人类可以感知的形式，如声音、图像、触觉等。常用的反馈设备包括扬声器、震动手柄、头戴式显示器等。反馈设备的作用是通过多通道反馈，让用户感知到自己的动作和周围环境的变化，从而提高交互体验的真实感和丰富度。

体感多通道反馈中的反馈设备是指用于向用户提供反馈和指导的设备，包括头戴式显示器、震动手柄、语音提示器等。

> **反馈设备有多种类型，主要列举如下：**
> （1）头戴式显示器。可以通过显示器将实时的运动数据和指导信息投射到用户的视网膜上，让用户更直观地了解自己的运动技能和表现。
> （2）震动手柄。可以通过震动手柄向用户提供触觉反馈，让用户更好地感受自己的运动姿势和力度。
> （3）语音提示器。可以通过语音提示器向用户提供语音反馈，让用户更好地了解自己的运动技能和表现。

反馈设备在不同场景中的应用表现在：①反馈设备可以通过头戴式显示器和震动手柄等设备，向运动员提供实时的反馈和指导，帮助他们更好地掌握自己的运动技能和表现。②反馈设备可以通过语音提示器等设备，向患者提供相应的医疗保健指导和建议，帮助他们更好地掌握自己的身体状况。③反馈设备可以通过头戴式显示器和语音提示器等设备，向用户提供智能家居的控制和调整建议，提高用户的生活质量和便捷程度。

反馈设备是体感多通道反馈系统中的重要组成部分，它可以通过视觉、听觉、触觉等多种方式向用户提供反馈和指导，帮助用户更好地了解自己的运动技能和表现。

（四）交互界面

交互界面是用户与体感反馈系统进行交互的界面，如游戏手柄、语音识别器、触摸屏等。交互界面可以让用户通过手势、语音、触摸等方式与计算机或智能设备进行交互，并通过反馈设备获得相应的反馈信号。

交互界面有多种类型，主要列举如下：

（1）图形界面。可以通过图形化的界面，让用户更方便地进行控制和调整反馈设备，同时也可以提供更加直观和详细的运动数据和指导信息。

（2）手势识别界面。可以通过手势识别技术，让用户通过手势控制反馈设备，如挥手、点头、手势缩放等。

（3）语音识别界面。可以通过语音识别技术，让用户通过语音控制反馈设备，如说出指令、提出问题等。

交互界面在不同场景中的应用表现在：①交互界面可以通过图形界面和手势识别界面等，让运动员更方便地进行控制和调整反馈设备，同时也可以提供更加直观和详细的运动数据和指导信息。②交互界面可以通过语音识别界面等，让患者更方便地控制和调整反馈设备，同时也可以提供更加个性化和准确的医疗保健指导和建议。③交互界面可以通过图形界面和语音识别界面等，让用户更方便地控制和调整智能家居设备，提高用户的生活质量和便捷程度。

交互界面是体感多通道反馈系统中的重要组成部分，它通过图形、手势、语音等方式，将用户的输入和反馈设备的输出进行交互和连接，实现更加准确、个性化和便捷的反馈和指导。

三、体感技术在体育教学中的应用

体感反馈系统和智能体育教学结合是目前的一个新兴研究领域。这种结合可以通过体感反馈系统来监测学生的运动数据,并通过多通道的反馈为学生提供实时的运动反馈和指导,从而提高学生的运动技能和兴趣。

目前,体感反馈系统和智能体育教学结合已经应用于多个学校。在智能体育教学中,体感反馈系统可以通过运动追踪器和摄像头等设备,实时监测学生的体育运动数据,并通过头戴式显示器、震动手柄等反馈设备,为学生提供实时的反馈和指导。

比如在中学足球课上,体感反馈系统可以通过摄像头等设备,实时监测学生的踢球动作,并通过多通道的反馈,为学生提供实时的反馈和指导,从而帮助学生更好地控制踢球的力度和方向,提高学生的足球技术水平(图4-1)。

图4-1 体感技术在智能足球运动中的应用

体感反馈系统和智能体育教学的结合,可以通过多通道的反馈和实时监测,帮助学生更好地把握自己的运动技能和表现,从而提高运动技能和兴趣。此外,体感反馈系统还可以自动化监测和分析运动数据,为教师提供更加全面和准确的运动数据分析和指导。这种自动化监测和分析可以大大减轻教师的工作负担,提高工作效率和精度。因此,体感反馈系统和智能体育教学结合具有重要的应用价值和研究意义。

小结

体感反馈系统的几个重要部分相互配合，共同实现了用户与计算机、智能设备或虚拟现实系统的交互。其中感知设备和处理算法是体感反馈系统的核心，反馈设备和交互界面则是体感反馈系统的重要支撑。此外，体感反馈系统和智能体育教学结合，可以通过实时监测和多通道的反馈，提高运动员或学生的运动技能和兴趣，同时也可以为教练员或教师提供更加全面和准确的运动数据分析和指导，具有重要的应用价值和研究意义。

习题

1. 体感多通道反馈是什么？
2. 分析体感互动与当今体育教学结合的优势。
3. 联系生活，列举体感多通道反馈应用于生活的哪些方面？请举例说明。
4. 了解了体感互动之后，你觉得还有哪些方面可以应用该原理？

第五章
人机协同交互

一、人机协同交互技术

二、人机协同交互的核心特点与特征

三、人机交互技术的应用

一、人机协同交互技术

　　人机协同交互是指人与计算机之间使用某种对话语言，以一定的交互方式，为完成确定任务的信息交换过程，且允许多人在不同的时间、空间背景下，共同完成一个任务的技术。2020年以来，远程协作技术得到广泛应用。人们已经适应了在计算机屏幕前开会、上课等。从这个意义上来说，远程视频会议工具，从早期的思科会议系统到如今流行的腾讯会议、钉钉会议等，都可以认为是人机协同交互工具。

　　人机协同交互是人机信息交换的对话接口。在人机协同交互发展过程中，经历了命令行界面（CLI）、图形用户界面（GUI）和自然用户界面（NUI）。自然用户界面作为新一代人机交互技术，利用人类视觉、语音、触觉、嗅觉交互和情感计算、多通道交互等交互能力与机器自然交互。自然用户界面依托1991年马克·韦泽（Mark Weiser）提出的普适计算（Ubiquitous Computing）和平静技术（Calm Technology）两大理论基础，主张技术应该不动声色地服务于人类。

　　人机协同交互（HCI）面临的重要问题是不同的计算机用户具有不同的使用风格——他们的教育背景不同、理解方式不同、学习方法以及具备技能都不相同。比如，一个左撇子和普通人的使用习惯就完全不同。另外，还要考虑文化和民族的因素。研究和设计人机协同交互还要考虑用户界面技术变化迅速，提供的新的交互技术可能不适用于以前的研究。还有，当用户逐渐掌握了新的接口时，他们可能提出新的要求。

　　对于复杂的任务，人机协同交互可以通过团队成员之间的沟通有效地执行任务。因此。在设计和开发人机协同交互工具的时候，如何确保成员之间的信息快速、准确地传递给对方是一个重要的内容。增强现实技术是一套将虚拟内容无缝地覆盖在物理世界上的技术。它支持更自然、更直观地对三维虚拟对象进行空间操作，通过虚拟与真实的融合提高了可视化效果，并有可能在从单独工作转变为共同工作的人机协同交互过程中支持感知信息。因此，虚拟现实中的协同交互功能有可能显著改善团队交互过程。

在信息化快速发展的浪潮下，虚拟现实技术宣告了人工智能时代的来临。虚拟现实技术是通过将计算机生成的虚拟物体或信息和真实环境实时叠加在一起，给用户呈现一个感官效果真实、场景信息丰富的虚拟现实结合体。这种虚拟零件和真实部件共存提供了一种更灵活、直观的方法，从而使得非熟练工人能够正确地进行设备维护与检修，达到缩短设备维护周期、提高维护效率质量、降低成本的目标。智能交互可以协助现场一线员工更好地规范工作流程，做好日常巡检、设备维护，进一步提高其工作效率，降低操作错误率，减少维修时间。这将成为设备设施运维高新技术发展的新趋势。

研究表明，基于增强现实的人机协同交互能够提高协同工作效率。具体来讲，这个优势可以从下面几个特点体现。

第一，虚实空间共享。身处不同地方的多个参与者可以通过增强现实显示设备同时共享物理空间环境和虚拟世界，在同一个共享增强工作空间内进行协作，将大大提高信息分享的针对性。此外，还提供了增强的体验。这意味着用户将能够拿起他们的手机并将其举在某个区域的前面，如建筑物或自然地标，然后，该应用程序将信息叠加在他们所看到的内容之上，如可以从不同角度查看建筑物，并通过增强的地图和定位确定所在的位置。特别是对于草图、模型设计等任务，在这种场景下，需要对模型的细节进行针对性的讨论。增强现实提供了共享的空间，能够更有效地传递交流意图，使远程通信与协作更自然、更智能、更高效，升级传统的工作交流方式。

第二，多模态交互。对比视频电话会议，参与者只能观察彼此的面孔或工作区。然而，增强现实应用可以将用户的言语和非言语信息，如头部方向、眼神方向、手势、面部表情和声音指示等结合起来，传递给对方。例如，在讨论三维模型设计的场景下，结合视线跟踪等技术，可以实现注意力方向的信息同步，帮助大家更快地把握讨论的焦点。

AIUI是科大讯飞提供的一套人机智能交互解决方案，旨在实现人机交互无障碍，使人与机器可以通过语音、图像、手势等自然交互方式，进行持续、双向、自然的沟通。现阶段AIUI提供以语音交互为核心的交互解决方案，全链路聚合了语音唤醒、语音识别、语义理解、内容（信源）平台、语音合成等模块。可以应用于智能手机、机器人、音箱、车载、智能家居、智能客服等多种领域，让产品不仅能听会说，而且能理解会思考。

第三，易于使用。只需将相机对准一个物体，该应用程序就会向用户展示它对该特定项目的作用。例如,如果想知道一块比萨饼中含有多少卡路里,所要做的就是在屏幕上找到一张图片,然后看旁边弹出的数字。此外,还可以查看家具或衣服之类的物品,因此当在房间里走动或购物时,将会看到它们与空间的契合程度。对于熟悉智能手机的人来说这很容易,因为所有这些信息都不仅仅存在于某个笨重的程序中。

因此,基于虚拟现实的人机协同交互研究是一个很有发展前景的领域。

二、人机协同交互的核心特点与特征

(一)重要因素

人机协同交互过程也需要一定的要素来支持,通过归纳和总结大体上需要以下三个要素。

(1)人的要素。在人机协同交互过程中人是必不可少的,也就是不能缺少使用者。人的要素这方面主要是用户操作模型,与用户的各种特征、喜好等有关。任务将用户和计算机的各种行为有机结合起来。

(2)交互设备。人机协同交互过程中交互设备也是不能缺少的,例如,图形、图像输入输出设备,声音、姿势、触觉设备,三维交互设备等,而且这些交互设备也在不断完善中,进而在交互过程中达到最佳的状态和效果。

(3)协同交互软件。协同交互软件是协同交互计算机的核心。

以上三个要素是相辅相成的,缺一不可,只有三个要素都达到一定的标准,最终才能真正地做到良好、友善的人机协同交互。

(二)人机协同交互技术

在基于AR/MR的工作空间中,交互技术对虚拟产品模型的创建、修改和操作的有效性、直观性及自然性有着重要的影响。因此模型交互技术是基于增强现实系统的另一个重要研究方向，研究者需要尝试创造新的工具和技术，以促进可替代的可视化和表示。

将用户的视觉注意力引导到特定兴趣点的机制在基于虚拟现实或增强现实的协作任务中发挥着至关重要的作用。一项研究比较了三种不同的视觉引导机制：箭头、蝴蝶形引导器和雷达，用于引导用户的注意力到特定区域。其中三种引导机制都比没有引导的基线条件更好，而箭头是被用户评价最高的。

与传统用户界面相比，引入了视频和音频之后的多媒体用户界面，最重要的变化就是界面不再是一个静态界面，而是一个与时间有关的时变媒体界面。人类使用语言和其他时变媒体（如姿势）的方式完全不同于其他媒体。从向用户呈现的信息来讲，时变媒体主要是顺序呈现的，而我们通常熟悉的视觉媒体（文本和图形）通常是同时呈现的。在传统的静止界面中，用户或是从一系列选项中进行选择（明确的界面通信成分），或是用可再认的方式进行交互（隐含的界面通信成分）。在时变媒体的用户界面中，所有选项和文件必须顺序呈现。由于媒体带宽和人的注意力的限制，在时变媒体中，用户不仅要控制呈现信息的内容，也必须控制何时呈现和如何呈现。

人机交互可以说是VR系统的核心，因而，VR系统中人机交互的特点是所有软硬件设计的基础。其特点如下：

观察点（Viewpoint）是用户做观察的起点。

导航（Navigation）是用户改变观察点的能力。

操作（Manipulation）是用户对其周围对象起作用的能力。

临境（Immersion）是用户身临其境的感觉。

以上些在VR系统中越来越重要。VR系统中人机交互若要具备这些特点，就需要发展新的交互装置，其中包括三维空间定位装置、语言理解、视觉跟踪、头部跟踪和姿势识别等。多媒体与VR系统的人机交互有着某些共同特点。首先，它们都是使用多个感觉通道，如视觉和听觉；其次，它们都是时变媒体。

（三）共情技术

在协同合作的情况下，和单人的不同之处就是人的因素。快速察觉、感知到协作方的情绪是十分重要的。无论是在日常生活中、与他人沟通中、学习中，明白对方的想法和准确获得对方的反应与情感，都是必不可少的。例如，在利用增强现实技术进行房屋出售的业务中，如果没有办法准确捕获客户对于所售房屋的兴趣，则大概率无法成功出售该房产。在真实世界中，房屋销售经理总是可以从对话、面部表情、人体姿态中更好地读懂客户的需求和兴趣点，进而完成成功的销售。同理，在远程教育中，如果教师无法准确及时地了解学生的听课状态，也就无法达到有效的教学。

一项工作评估了在三种需要不同类型合作的环境中，向协作者提供心率反馈会如何影响他们的协作。实验结果表明，当提供实时心率反馈时，参与者会更真实地感受到合作者的存在，更了解合作者的情绪状态。心率反馈还使参与者在执行任务时感觉更具有支配感。这表明，在增强现实的协作任务中，向用户提供协作者的生理反馈（如心率或呼吸频率）会对用户的参与感和沉浸感产生积极影响。

三、人机交互技术的应用

（一）语言交互技术的应用

语言作为人类思维表达的工具，是最简单、最自然的表达方式。语音交互技术经历了三次关键技术迭代。第一阶段是20世纪90年代出现的语音应答（Interactive Voice Response，简称 IVR），用户通过电话与机器客服交流，我国通信运营商的客服运营都采用了这项语音技术。第二阶段是语音助手，如谷歌的Google OK、微软的Cortana和苹果的Siri，将语音交互手段植入手机等便携设备，以语言和图像相结合形成多模态交互。第三阶段是近12年来出现的智能家居音箱，如谷歌HOME音箱、亚马逊ECHO音箱、天猫精灵、腾讯小Q等，作为纯语音设备介入智能家居环境，为生活的去屏幕化交互做好准备。

语音交互技术不但改变了日常生活形态，同时也变革着艺术教育的教与学。首先，语音交互技术驱动新媒体艺术、交互设计、录音艺术、动画设计、产品设计等专业发展，使艺术教育不仅仅停留在视觉教育的层面，听觉作为人机交互的重要媒介在艺术教育中大放异彩。例如，Music Transformer 通过语音识别和人工智能技术实现了长篇音乐的自动生成，可通过基于自我主义的序列模型生成连贯地阐述特定主题的音乐。

（二）图像交互技术的应用

图像交互技术是运用计算机处理、分析和理解图像，从而识别各种不同模式的目标和对象的技术。图像识别分为文字识别、数字化图像识别与物体识别三个阶段。近几年随着计算机视觉技术的不断成熟，相关的图像分割和图像计算方法不断更新，在保证识别准确性的同时，也在艺术及艺术教育中进行了探索与创新。

随着图像风格迁移（Neural Style）技术的发展，计算机通过深度学习掌握了大量艺术大师的绘画风格，可快速将图像进行艺术风格化处理。

在艺术史教学的艺术作品赏析环节，可以让学生运用现有的图像交互软件如 Deep Dream Generator、PicsArt Photo Editor、Ostagram、Prisma 等上传头像，计算机可以制作出融合了历史上各时期艺术大师风格的艺术作品，不但有助于学生掌握各时期绘画大师的艺术风格，丰富艺术史教学的趣味性和互动性，而且生成的绘画作品就如大师在学生面前制作的范画，学生们可以从中观察形式、技法是如何服务于特定内容的，有助于学生们更高效地理解和掌握各类绘画风格，引导学生思考内容与形式间的关系，从而逐渐形成个人特有的艺术风格。

（三）体感交互技术的应用

体感交互技术通过肢体动作、眼球转动、面部表情等身体变化的方式与装置互动，由计算机识别、解析用户的动作，并作出反馈。体感交互技术根据识别方式的差异，可分为光学感测、惯性感测和综合感测三大类。体感交互技术已作为艺术创作的智能工具在工业设计、建筑设计、动画设计等教学中得到应用。如Gravity Sketch 作为一种直接与视觉和空间思维对话的工具，设计师可自由选择 Htcvive、Oculus Rift 或Windows Mixed Reality体感交互设备实现三维空间快速构思、可视化和信息交流，改变了原有的用鼠标、键盘操控3Dmax、Maya、Rhino等三维软件通过在三视图的各个视角构建原型从而建立三维实体的过程，通过肢体动作、手势等自然的交互形式在三维空间中创作，大大激发了学生的创造力和想象力。

体感交互技术不但成了艺术教育的创意工具，也使动手技能培养和实践更为高效。Dynamics 365 Guides运用全息图、混合现实、手势识别、人工智能等技术，使用全息指令将复杂的动手技能培养的教学任务与环境无缝连接，让学习者可跟随全息影像动手实践，将学习与实践一体化，从而快速高效地掌握知识技能，并可数据化评估学生的实践全流程，便于后期的改进及修正。这样的体感交互技术大大增加了艺术类学生动手操作的乐趣，增强了便捷性。

小结

本章首先介绍了增强现实人机协同交互系统的重要性，即当前对远程的、带有便于相互理解的虚拟物体的增强现实交互技术的需求；接着介绍了主流增强现实软件中人机协同交互的应用以及评估其有效性的方法；之后着重介绍了人机协同交互的系统性框架，以及人机协同交互的应用与结合人工智能的应用。

习题

1. 结合自己利用工具交互过程中（如与同学合作交流）的体验，分析现有人机协同交互工具的优缺点。

2. 分析在人机协同交互过程中，之前章节涉及的技术将如何影响人机交互的效率和体验？

3. 分析基于移动设备的AR人机协同交互技术的优点。

4. 分析本章所述人机协同交互技术与传统交互技术的区别。

5. 尝试自己搭建一个最基本的人机协同交互服务器和客户端，并进行网络通信。

第六章
体育虚拟仿真教学理论基础

一、虚拟仿真教学

二、体育教学引入虚拟仿真技术的必要性和迫切性

一、虚拟仿真教学

虚拟仿真是一种可创建和体验虚拟世界的计算机系统，是以计算机软件及硬件为基础、以必要的技术手段为辅助，通过对已知或未知世界的仿真，使人获得真实感受的一种计算机应用技术。虚拟仿真教学平台则是以计算机技术为核心生成逼真的视、听、触觉一体化的虚拟实验环境，给予学生一种真实情境，使学生对虚拟或仿真的实验样本进行一定虚拟状态操作，进而实现实验人群的身临其境的学习反馈，具有多感知性、真实性、交互性、开放性、安全性等特征。

在体育实践教学环节中，由于可能受师资、场地、器材设备等的限制，或存在部分学生无法进行实际操作，而通过虚拟仿真平台，则可弥补这些局限性，从而提高学生实践操作及创新技能。由此，开展虚拟仿真实验教学已成为现代教育发展的趋势，有着传统实验教学手段无法比拟的优势，具有开辟生动逼真、搭建高效安全的实验环境的功能。虚拟仿真技术在体育教学中创新了教学模式，破开高危险性、高困难性动作的窘境，以深化学生在学习过程中的动作表象，在强化身体健康的同时也稳步提升学生的心理承受能力。

第一，虚拟仿真教学可以为学生提供生动、逼真的实验环境。

虚拟现实技术是一种可以创建和体验虚拟世界的计算机仿真系统，用户可以在虚幻的世界里得到最真实的感受。随着技术的成熟，已成功应用于体育的不同领域。在虚拟游戏中用户已得到了极好的体验，同时在当下的体育教学中虚拟现实技术的应用已初显成效。利用虚拟现实技术模拟教学环境、教学氛围、教学用具，不仅具备和真实课堂一样的体验，其利用先进的技术突破时间、空间的束缚，建立三维模拟世界。模拟驱动合成立体声音，视觉跟踪与视觉感应点技术映现出真实画面，再加以对人体感官各种电信号的刺激，使受试者身临其境。

第二，虚拟仿真教学对传统体育教学形式的改变。

体育教学可以利用虚拟现实技术来模拟各种运动的场景以达到对该动作的感官认识，也可以通过虚拟现实技术对运动生理学和运动解剖学课程进行辅助教学，形成肌肉三维立体场景以供学生对肌肉运动变化进行了解，更加全方位模拟教学环境，避免教学方法过于单一，进而达到提升学生学习兴趣的目的。虚拟现实技术在体育教学中的应用，改变了传统交互式的教学模式，由教师讲转变为学生体验、领会，这就弥补了很多学生无法理解教师口述运动感受的缺陷，使运动中真实的感受作用到学生身上，从而更加直观地掌握和学习。不只是环境的模拟，体育教学中任何一种元素都能通过虚拟现实技术呈现出来，在教学过程中，教师可根据教学的需求和目标的需要实施模拟。

第三，提高了体育教学中学生参与度及个体化教学特点。

沉浸式学习源于3D仿真模拟，后应用于课堂教学。随着沉浸式虚拟现实技术的发展，借助视听设备学习者能在构建的虚拟学习环境中达到接近真实学习的效果。要在体育领域实现沉浸式虚拟现实技术教学，训练与教学必定以影响竞技能力的五大因素为核心，集终端、应用系统、操作平台于一体，构建几近真实的学习环境，为学习者创设能够主动接受、全神贯注，且为一对一教学的模式。体育教学虚拟环境的特殊性决定了其虚拟环境构建的特殊性，不同的运动项目需要不同的运动虚拟场景及效果的实现。另外，还解决了某些现实问题，如经费不足、天气影响、场地制约、疾病困扰等客观因素。

第四，促进了体育教材制定的多元化。

虚拟现实技术承载的所有事物都是虚拟的，可以将虚拟事物与现实事物叠加在一起。伴随虚拟现实技术的实现，各类型虚拟现实读物和载体不断出现，使得"书本"载体增加一种新的定义，而"空气"阅读的实现也将不再遥远。体育运动专项教材主要是通过不同练习方法和训练计划来帮助读者掌握各项技术。借助虚拟现实技术，既可以使用2D，也可以使用3D动画视频等多媒体形式，在对应的教学知识点上展现完整技术动作，将原本枯燥、难以理解的理论知识点及平面图片教材转变为智能先进、立体化的教学场景，使技术要点的展现更加生动与直观，有利于激发学生的学习热情与主动性，有效记忆与理解重点难点，提高教学效率与质量。

第五，解决了体育场地资源不足的问题，提高了教学效率。

虚拟现实技术的快速发展，为体育教学提供了一个新方向，教师可以利用虚拟现实设备，在现实学校条件受限的情况下，让学生在虚拟环境中体验某一项运动的感觉，有助于提高学生对某一项体育运动的兴趣。运用"虚拟化"教学，可把原有必须在运动场地进行的教学展示搬入教室，不但能缓解场地紧张的局面，也可以将乏味的教室课堂教学变得生动有趣，还可以避开天气对教学的影响，尤其是那些要求空间感强、特定环境的课程，如游泳课，在传授基本理论知识时也可更加清晰简明。那些移动终端设备也将不再妨碍教学，反而成为辅助教学的设备，发挥应有的作用。虚拟教学环境还加强了教师和学生的交互性，即使远程也能顺利完成，不受空间和时间的限制。在体育教学中运用可穿戴设备、录播设备、应用程序、社交媒体等信息技术激发学生的体育学习兴趣，促进学生的体育参与。

二、体育教学引入虚拟仿真技术的必要性和迫切性

由于不受时间和空间的制约，学生在进行体育课时采用虚拟教学比真实教学有更大的优越性。教师只需根据教学课程内容要求，构建一个可视化的教学操作环境，而学生则可以在教学课堂或空闲时间进行预约，可多次地进行模拟教学，从而加深其对知识的理解与应用。此外还可以开展一些探索性的综合教学，这也有利于学生创新能力的培养。由此可知，体育教学中运用虚拟仿真教学是当前高校体育教学改革的迫切要求之一。

传统体育教学通常存在学生实践操作时间不足的问题，仅依靠体育课的练习无法让学生完全熟练掌握体育技能。因此，为了使学生更好地掌握体育技能，需要不断地练习。尽管"终身体育"理念的提出激发了学生体育参与的热情，但由于场地、时间、任务安排等原因无法有效保证其体育锻炼的有效性。同时，我国目前高校体育院系开设的体育课程多数为演示性教学，学生参与度不高，使得教学在很多情况下流于形式，仅成为简单技术的初步学习，缺乏技能的锻炼，不能完全保证学生掌握项目技能要求。

体育课是一种以身体活动形式为主的教学课，因此，对理论知识学习而

言，实践教学则起着将理论转化为身体活动表现的作用。然而，由于教学场地、教学仪器耗材及教学经费的影响，体育课开设往往存在一定的局限性，特别是体育教学资源一定情况下较为匮乏，导致部分体育教学实践不能满足每个学生独立完成的要求。由于地域及天气的差异，我国高校体育课开课内容受到一定限制，这同时也影响了学生对于体育运动的理解及体育参与的积极性。此外，也有部分学生过于重视运动技能获得，而不重视理论学习，对体育运动的学习存在一定误区，因此这部分学生往往需要通过更多的实践教学促进理论学习，由此实践教学显得更为重要。新的体育人才培养目标要求学生不仅仅要掌握运动技能，更需结合体育理论知识达到"会用"的目标，而借助虚拟教学提供的直观内容，则可进一步增强学生理论联系实际、独立解决问题的能力及创新能力。

虚拟仿真实践教学具有教学训练过程安全无风险、高效率、学习体验真实、教学过程可调控及知识库多样化等优点，对促进体育课教学改革有着重要意义。体育专业教学因教学对象、教学技术的多变性，可进行多方面创新性研究，而虚拟仿真教学平台则有利于教学课的顺利开展及创新使用。目前已有部分相关虚拟仿真教学操作系统被开发研究，并进行了一定测试，已显示其具有良好的教学效果。虚拟仿真教学模式已成为一种快速发展的新型教学模式，教学平台的建设和发展对于推动体育专业理论课教学和实践教学改革、完善传统教学不足及提高教学质量意义重大。随着计算机技术水平的发展，虚拟仿真教学平台技术不断更新，可逐步实现传统教学无法达成的教学功能，从而提升体育人才质量。

小结

本章首先介绍了虚拟仿真教学的概况，之后介绍了体育教学引入虚拟仿真教学的必要性及迫切性，还重点介绍了虚拟仿真技术在体育教学中的应用和优势。

习题

1. 使用虚拟仿真教学平台运动相较于户外线下运动有什么优势?
2. 为什么说虚拟仿真教学与体育教学结合是必要的和迫切的?
3. 虚似仿真教学平台主要的功能有哪些?
4. 你认为虚拟仿真教学可以应用于哪些运动?请举例说明并给出理由。

第七章
体育教学应用与实践案例
——足球

一、虚拟仿真技术在足球教学中的应用与优势

二、足球虚拟仿真教学设计

足球是一项以脚为主控制和支配球，两支球队按照一定规则在同一块长方形球场上进行进攻、防守对抗的体育运动项目。因足球运动对抗性强、战术多变、参与人数多等特点，故被称为"世界第一运动"。校园足球作为学校体育改革的示范项目，要实现面向全体学生参与的新格局，这不仅是教育信息化改革对校园足球的具体要求，也是新时代教学改革的重要组成部分。

随着"互联网+体育+智慧"的不断深入，体育教育智能化、智慧化将成为新型的教育形式，未来足球教育和学习环境也将发生重大变革。为提升学生的学习效果，我们需要突出学生在学习过程中的主体作用，引领学生从传统学习模式中蜕变出来，实现虚拟环境与学习内容、学习主体的融合，达到智慧学习目标，提升学习效果。虚拟现实技术（VR）与足球教学的结合，能够在一定程度上改善原有教学模式，优化教学方式，提高教学质量，促进教学内容的多元化，减少足球运动中的运动损伤。虚拟仿真技术的应用有利于减少教学经费，弥补场地、器材、师资等条件的不足，降低自然环境因素对教学的限制。

研究表明，将虚拟现实技术融入课堂教学，可以提高学生学习态度和积极性，增加学习趣味性，促进理论知识学习，并且相较于传统2D视频教学对维持长期学习效果有显著作用。

一、虚拟仿真技术在足球教学中的应用与优势

传统的足球教学主要以老师讲解示范、学生模仿练习为主，注重教师的言传身教及主导性，忽略了学生的主体性。而虚拟现实技术构建的教学系统呈现的主要以逼真的形象教学为主，配以动态的跑位战术，营造了一种"动态"的教学环境，这样不仅弥补了用语言表述技战术的局限性，也避免了教学与训练中学生跑位错误现象的出现。这种通过生动逼真的视频和图像进行技术动作教学的方式，有利于学生建立清晰的形象思维概念，提高学生的认

知能力，让学生能够准确快速地掌握动作技术。

足球虚拟仿真教学的优势主要有以下几点。

（1）减少外界环境对教学的干扰。虚拟环境中的各种体育设备也是虚拟的，可以根据教学和训练的需要随时生成新的设备及环境，训练内容也可以通过系统不断地进行更新，使训练跟上国际足球训练技术发展的步伐。虚拟训练系统还可以弥补训练场地器材不足、天气变化等外界环境对足球教学造成的干扰。

（2）降低运动损伤的几率。足球运动中多对抗，激烈的身体对抗会造成运动损伤，且损伤的发生率可达到90%，主要以下肢损伤为主。运动员在虚拟环境中练习，不会使身体受到伤害，可以放心地去做各种高难度的动作，促使学生更加大胆自信地进行各种动作的尝试和练习。

（3）促进足球运动的传播。运用虚拟现实技术可以更加人性化地设计出不同的人物角色，丰富人物形象，让参与者体验与世界优秀足球运动员对抗的强烈刺激感。在游戏中可以自由选择喜欢的球队和运动员，与不同的虚拟人物进行同场竞技。虚拟足球游戏的娱乐性和多样性有助于促进足球运动的广泛传播。

（4）优化足球教学目标。虚拟现实技术在足球教学中的应用可以优化教学目标。在现场教学中教学目标强调教师的主导作用，在虚拟现实技术中更加强调学生在没有教师主导过程中的空间学习，突出了学生学习的主导作用，教学目标将得到拓展，强调足球战术的纵深环节和足球技术空间视野，注重三维视野下足球知识和技能的掌握范围及熟练程度。

（5）重构足球技战术的空间内容。虚拟现实技术在教学中的运用依据其特点，可以开发成游戏类、基本技术类、战术类、历史文化类等，在制作过程中可将游戏贯穿、融入足球教学的各个环节，从而带来全新的视觉体验。随着现代技术的不断发展，又将出现触觉、味觉等体验，从而激发学生的学习欲望。在教学内容的设计上强调足球技术、战术内容画面与声、光、场景的有机结合，模拟不同对抗下的教学场景，并将身体不同部位运动轨迹在3D环节和空间中强化展示出来。

（6）教与学简单便利化。虚拟现实技术运用虚拟环境状态将传统的足球技术、战术教学通过立体的方式展现，传统教学对复杂的技术动作、战术场景描述较为困难，学生理解会出现偏差，教师在这些教学环节中耗时、耗精力，且教学效果不佳。虚拟现实技术的使用将足球技术、战术场景以3D的方式展示给学生，将抽象的足球技术环节和足球战术路线展示出来，进而使教学环节简单化。

（7）教学方法因材施教。因为虚拟现实技术系统里有班级学生的相关学习、考察记录等数据，教师可以通过这些数据对学生有很好的了解，也可以及时调整教学计划，学生也可以通过该系统自主地对自己掌握不好或者需要加强的内容进行学习。

二、足球虚拟仿真教学设计

（一）教学设计

足球教学内容包括基本技能（运球、传球、头球、射门等）、对抗性练习、小比赛和身体素质练习。

参与班级共进行16周教学实践活动，每周2次，每次40分钟，课程安排在常规体育课时间。教学内容包含三个部分：第一部分为准备活动（5分钟），第二部分为基本技术学习（8分钟）、VR动作练习（10分钟）、对抗练习或比赛（8分钟）、身体素质练习（5分钟），第三部分为牵拉放松（4分钟）。教学计划如表7-1。

表7-1 足球虚拟教学计划

周次	第一节	第二节
第一周	热身5分钟、技术练习8分钟（球性球感练习）、VR练习10分钟（"8"字运球练习）、技术实践8分钟（"8"字运球练习）或进行比赛8分钟、身体素质练习5分钟、牵拉放松4分钟	热身5分钟、技术练习8分钟（球性球感练习）、VR练习10分钟（"8"字运球练习）、技术实践8分钟（"8"字运球练习）或进行比赛8分钟、身体素质练习5分钟、牵拉放松4分钟

第七章 体育教学应用与实践案例——足球

（续表）

周次	第一节	第二节
第二周	热身5分钟、技术练习8分钟（"8"字运球练习）、VR练习10分钟（三角形运球练习）、技术实践8分钟（三角形运球练习）或进行比赛8分钟、身体素质练习5分钟、牵拉放松4分钟	热身5分钟、技术练习8分钟（"8"字运球练习）、VR练习10分钟（三角形运球练习）、技术实践8分钟（三角形运球练习）或进行比赛8分钟、身体素质练习5分钟、牵拉放松4分钟
第三周	热身5分钟、技术练习8分钟（三角形运球练习）、VR练习10分钟（5点运球练习）、技术实践8分钟（5点运球练习）或进行比赛8分钟、身体素质练习5分钟、牵拉放松4分钟	热身5分钟、技术练习8分钟（三角形运球练习）、VR练习10分钟（5点运球练习）、技术实践8分钟（5点运球练习）或进行比赛8分钟、身体素质练习5分钟、牵拉放松4分钟
第四周	考核	考核
第五周	热身5分钟、技术练习8分钟（传接球基础动作）、VR练习10分钟（接球推门练习）、技术实践8分钟（接球推门练习）或进行比赛8分钟、身体素质练习5分钟、牵拉放松4分钟	热身5分钟、技术练习8分钟（传接球基础动作）、VR练习10分钟（接球推门练习）、技术实践8分钟（接球推门练习）或进行比赛8分钟、身体素质练习5分钟、牵拉放松4分钟
第六周	热身5分钟、技术练习8分钟（接球推门练习）、VR练习10分钟（二过一练习）、技术实践8分钟（二过一练习）或进行比赛8分钟、身体素质练习5分钟、牵拉放松4分钟	热身5分钟、技术练习8分钟（接球推门练习）、VR练习10分钟（二过一练习）、技术实践8分钟（二过一练习）或进行比赛8分钟、身体素质练习5分钟、牵拉放松4分钟
第七周	热身5分钟、技术练习8分钟（二过一练习）、VR练习10分钟（二过一推门练习）、技术实践8分钟（二过一推门练习）或进行比赛8分钟、身体素质练习5分钟、牵拉放松4分钟	热身5分钟、技术练习8分钟（二过一练习）、VR练习10分钟（二过一推门练习）、技术实践8分钟（二过一推门练习）或进行比赛8分钟、身体素质练习5分钟、牵拉放松4分钟
第八周	考核	考核
第九周	热身5分钟、技术练习8分钟（头球基础动作）、VR练习10分钟（近距离头球练习）、技术实践8分钟（近距离头球练习）或进行比赛8分钟、身体素质练习5分钟、牵拉放松4分钟	热身5分钟、技术练习8分钟（头球基础动作）、VR练习10分钟（近距离头球练习）、技术实践8分钟（近距离头球练习）或进行比赛8分钟、身体素质练习5分钟、牵拉放松4分钟

(续表)

周次	第一节	第二节
第十周	热身5分钟、技术练习8分钟（近距离头球练习）、VR练习10分钟（中距离头球练习）、技术实践8分钟（中距离头球练习）或进行比赛8分钟、身体素质练习5分钟、牵拉放松4分钟	热身5分钟、技术练习8分钟（近距离头球练习）、VR练习10分钟（中距离头球练习）、技术实践8分钟（中距离头球练习）或进行比赛8分钟、身体素质练习5分钟、牵拉放松4分钟
第十一周	热身5分钟、技术练习8分钟（中距离头球练习）、VR练习10分钟（远距离头球练习）、技术实践8分钟（远距离头球练习）或进行比赛8分钟、身体素质练习5分钟、牵拉放松4分钟	热身5分钟、技术练习8分钟（中距离头球练习）、VR练习10分钟（远距离头球练习）、技术实践8分钟（远距离头球练习）或进行比赛8分钟、身体素质练习5分钟、牵拉放松4分钟
第十二周	考核	考核
第十三周	热身5分钟、技术练习8分钟（射门基础动作）、VR练习10分钟（定点射门练习）、技术实践8分钟（定点射门练习）或进行比赛8分钟、身体素质练习5分钟、牵拉放松4分钟	热身5分钟、技术练习8分钟（射门基础动作）、VR练习10分钟（定点射门练习）、技术实践8分钟（定点射门练习）或进行比赛8分钟、身体素质练习5分钟、牵拉放松4分钟
第十四周	热身5分钟、技术练习8分钟（定点射门练习）、VR练习10分钟（接横传射门）、技术实践8分钟（接横传射门）或进行比赛8分钟、身体素质练习5分钟、牵拉放松4分钟	热身5分钟、技术练习8分钟（定点射门练习）、VR练习10分钟（接横传射门）、技术实践8分钟（接横传射门）或进行比赛8分钟、身体素质练习5分钟、牵拉放松4分钟
第十五周	热身5分钟、技术练习8分钟（接横传射门）、VR练习10分钟（接球转身射门）、技术实践8分钟（接球转身射门）或进行比赛8分钟、身体素质练习5分钟、牵拉放松4分钟	热身5分钟、技术练习8分钟（接横传射门）、VR练习10分钟（接球转身射门）、技术实践8分钟（接球转身射门）或进行比赛8分钟、身体素质练习5分钟、牵拉放松4分钟
第十六周	考核	考核

（二）教学内容

1. 教学设备

Quest 2头戴显示器（头盔1个、左手柄1个、右手柄1个）、支架、绑带。

2. 教学方案

第一部分　热身

直线折返慢跑（后期可带球跑）。

动态热身操。上肢：扩胸、振臂、转体等。下肢：正踢、侧踢、髋外展、髋内收、后踢腿跑、冲刺等。

静态拉伸：活动手腕、脚腕、颈椎及腰椎，拉伸大腿前后侧肌群、小腿肌肉等。

第二部分　技术训练

▶ 运球技术

目的：使球员具备控制足球行进速度和方向的能力。

球性球感：踩球、揉球、踩拉球、"V"字拉球、侧向拉球等，原地练习到行进间练习。

"8"字运球：两标志盘相距5米，带球绕"8"字。

三角形运球：三个标志盘摆成等边三角形，带球路线如图7-1所示。

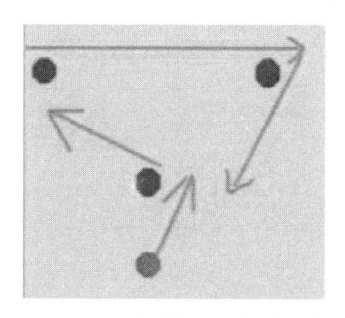

图7-1　三角形运球带球路线

5点运球：运球路线如图7-2所示。

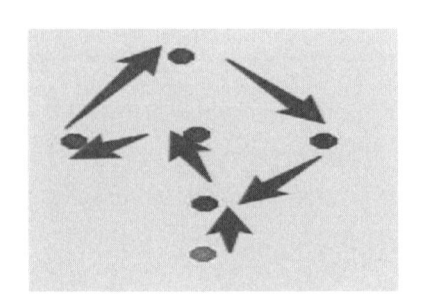

图7-2　5点运球路线

脚内侧传接球

目的：完成与同伴的配合，控制球权。

传接球脚型固定练习：强调触球部位，脚型固定，由只练习踢球动作不将球击出过渡到踢墙或挡板练习。

接球推门练习：发球机发球后将球接好，传进前方5~8米小球门。

二过一练习：与队友完成撞墙式二过一，接球后以最快速度向前带球5米。

二过一推门练习：与队友完成撞墙式二过一，接球后将球传进前方5~8米小球门。

头球技术

目的：合理利用头部进行足球活动。

头球基础动作练习：强调头部触球部位和头球姿势，由接手抛球头球过渡到行进间跳跃头球。

近距离头球练习：在点球点与小禁区线中间区域接传中球头球攻门。

中距离头球练习：在点球点附近区域接传中球头球攻门。

远距离头球练习：在点球点与大禁区线中间区域接传中球头球攻门。

射门技术

目的：使球员具备制胜得分的能力。

射门基础动作练习：强调触球部位，脚型固定，由只练习踢球动作不将球击出过渡到踢墙或挡板练习，同时由球静止射门过渡到球滚动射门。

定点射门练习：在大禁区弧区域外完成定点射门。

接横传射门练习：在大禁区附近区域接横传球完成射门。

转身射门练习：在大禁区附近区域背身接直塞球后完成转身射门。

第三部分　比赛

项目名称：小场地比赛3v3或4v4。

目的：检验训练成果，体验比赛的快乐。

小场地比赛：无越位规则。

比赛时间：10～20分钟。

开球：不得直接射门。

界外球：脚发界外球，对方队员必须离球至少3米，发球的队员在球未被其他队员踢或触及前，不得再次触球。

犯规判罚：普通犯规为在犯规地点由被犯规方踢直接任意球。

球门区要求：球门0.8米×0.6米，球门区半径为1米，防守对员不得进入攻方球门区，可由共4个球门过渡到共2个球门。

球点球：场地内的任何区域发生的严重犯规、暴力行为、故意手球等情况判罚球点球。

第四部分　身体素质练习

下肢肌肉耐力：跳绳、静蹲、鸭子走、弓箭步跳等。

肌肉爆发力：跳垫子、单足跳、直腿跳、蛙跳、仰卧起坐、仰卧挺身、俯卧撑等。

高强度间歇耐力：简易YOYO跑。

速度：折返跑、变速跑、直线冲刺等。

灵敏协调：绳梯练习+标志桶。

第五部分　牵拉放松

静态拉伸：最伟大拉伸、腓肠肌拉伸、股二头肌拉伸、股四头肌拉伸等。

第六部分　足球技能测试

传球考核内容

12米×9.5米的场地，球员根据随机口令带球进入指定区域，最快最准地连续向四周的长板进行16次传接球，2组，每组2分钟，取最好成绩，8~12次成功传球为及格（图7-3）。

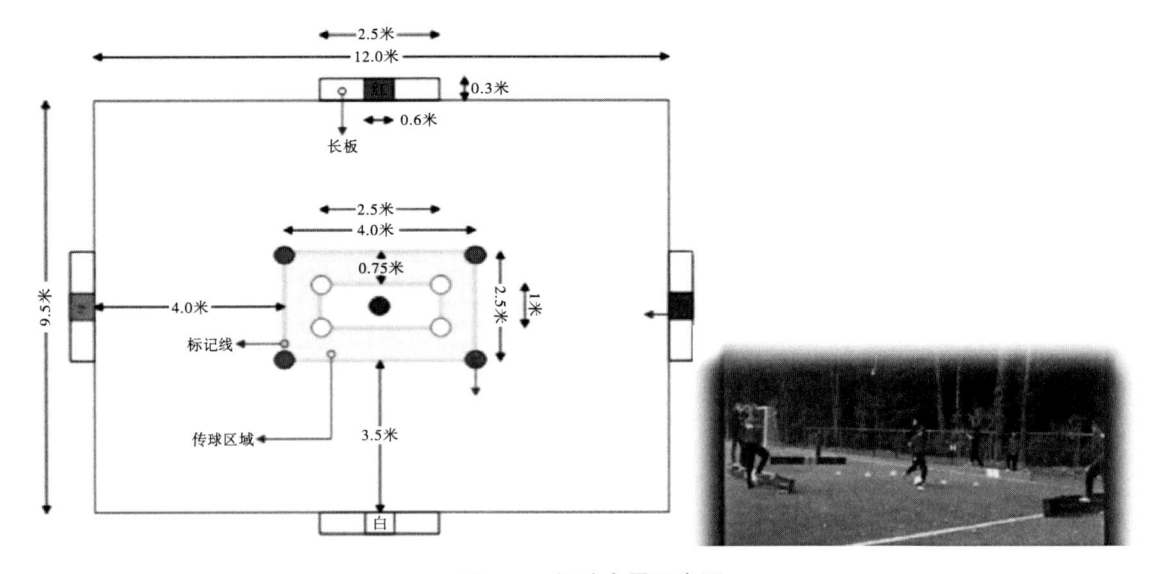

图7-3　场地布置示意图

考核内容

20米运球绕杆2次，取最好成绩，12~15秒内完成为及格（图7-4）。

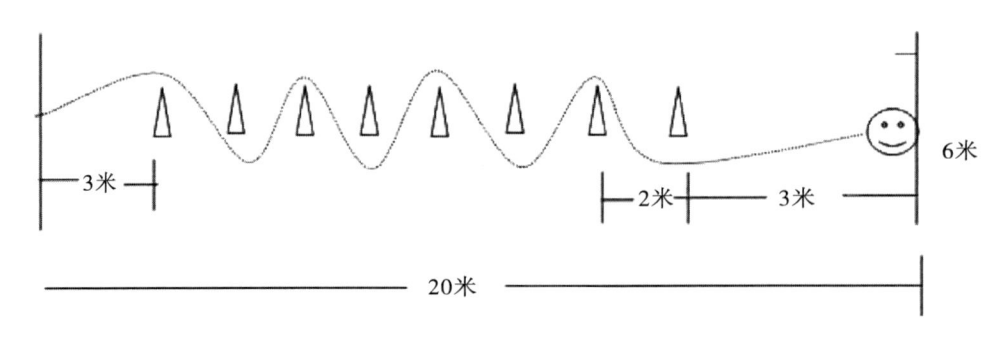

图7-4　运球绕杆示意图

60

·▷ 射门考核内容

距球门13~17米（小学13米，初中15米，高中17米）静止或滚动球射门两侧10次，6次射门进球为及格（限正脚背、内脚背），球门小学7人制，中学11人制（图7-5）。

图7-5 射门示意图

·▷ 头球考核内容

罚球区线13~17米（小学13米，初中15米，高中17米）前助跑头球射门两侧5次，3次进球得分为及格，球门小学7人制，中学11人制。

3. 详细步骤说明

第一步 设备穿戴

按照图7-6完成Quest 2头戴显示器和支架手柄的穿戴。

图7-6 设备穿戴示意图

第二步　足球训练

进入虚拟仿真系统后，学生可自主选择训练菜单，系统模式包括系统显示当前场景、消耗时间、挡板次数、目标次数、障碍违例、总得分共六个部分，记录学生训练效果。

▶ **运球训练**（图7-7）。

图7-7　运球训练示意图

▶ **传球训练**（图7-8）。

图7-8　传球训练示意图

第七章 体育教学应用与实践案例——足球

∴▷头球训练（图7-9）。

图7-9 头球训练示意图

∴▷射门训练及学生使用VR进行足球训练（图7-10、图7-11）。

图7-10 射门训练示意图

63

图7-11　学生使用VR进行足球训练

小结

　　本章首先介绍了虚拟仿真技术在足球教学中的应用与优势，提出虚拟仿真技术改变了传统的教学模式，重构了足球学习环境，然后具体介绍了足球虚拟仿真教学设计案例。

习题

1. 浅谈使用VR进行足球教学的优势。
2. 浅谈与科技结合的足球教学会有什么改观？

第八章
体育教学应用与实践案例
——乒乓球

一、虚拟仿真技术在乒乓球教学中的
   应用与优势
二、乒乓球虚拟仿真教学设计

乒乓球起源于英国，也被称为中国的"国球"，是一种世界流行的球类体育项目，包括进攻、对抗和防守。

一、虚拟仿真技术在乒乓球教学中的应用与优势

乒乓球教学当前正发生着翻天覆地的变化，从传统依靠教师言传身教的教学方式向新的依靠信息化手段的教学模式转变，由计算机技术为基础的辅助教学向构建以虚拟现实技术为基础的虚拟学习转变。在这一转变过程中，虚拟现实技术不仅仅是辅助教学工具，更是乒乓球教学过程中全面整合升级与提升不可或缺的一部分。

虚拟现实技术克服了乒乓球传统教学中的环境限制，激发了乒乓球专业学生的学习兴趣，丰富了使用者的体验感受，真正让乒乓球专业学生体验到学习内容的核心。该技术创设教学任务与环境，使得学生在虚拟教学环境中观察、学习，帮助教师完成对应的教学任务，从而大大提升学习效果。

虚拟现实技术能够将教学动作以三维动画的形式呈现在学生与教师面前，系统优化传统乒乓球教学观念与方法。乒乓球教师应该充分重视虚拟现实技术在乒乓球教学中的重要性，充分发挥虚拟现实技术的优势。

虚拟现实技术在乒乓球教学中可实时显示参数，收集学生动作参数，将学生在运动过程中每个关节的三维坐标、角度、发力状况、重心变化等信息以计算机语言输入物理设备，即对学生的动作参数进行捕捉，实时输入计算机进行整理分析。

通过虚拟现实技术将乒乓球教学的日常学习模块化、数字化、标准化，建立学生数据库，对每次的训练效果进行实时记录监控，以便改善学生技术动作，巩固正确姿势。

乒乓球虚拟仿真教学的优势主要有以下几点。

（1）教学形象。虚拟现实技术可以创设逼真的乒乓球教学场景，能将学生带入真实的问题情境中，提供给学生动态的、交互式的学习环境，学生的一举一动都可以被记录并用计算机语言输入设备，以动画形式呈现。

（2）图像呈现。在使用虚拟现实技术的教学过程中，可以通过输出端的高清大屏幕显示图像，每一次动作细节、每一条运动轨迹都将被准确地捕捉并呈现出来，数据精确直观。

（3）便于理解。由于虚拟现实技术不仅仅是简单枯燥的数据集合展示，而是动态演示与数据同屏比对，展示教学过程与所需内容，便于学生与教师理解。

为了打破传统乒乓球教学时间、地点和教学条件的局限性，提升学生乒乓球技术能力和身心素质，本案例建立的数智化乒乓球教学范式，通过现有VR乒乓球教学系统，结合虚拟仿真技术逐步形成数智化乒乓球教学系统，完善乒乓球智能化教学的内容安排，在原有人机交互的教学系统基础上拓展虚拟仿真与实践教学线上、线下相结合的数智化乒乓球教学模式。

二、乒乓球虚拟仿真教学设计

（一）教学设计

乒乓球教学内容包括球性球感、正手攻球、反手推挡、左推右攻、1/2台正手两点攻、平击发球、乒乓球比赛等。

乒乓球教学每周2次，每次40分钟，为期16周，课程安排在常规体育课上。教学内容分为热身运动（5分钟）、球性球感或徒手动作（5分钟）、乒乓球教学（20~25分钟）、体能训练（5分钟）、牵拉放松（5分钟），期间进行乒乓球技术考核和乒乓球教学比赛，教学计划如表8-1。

表8-1　乒乓球线上虚拟教学计划

周次	第一节	第二节
第一周	热身（5分钟）、握拍（5分钟）、正手攻球初级（20分钟）、并步（5分钟）、牵拉放松（5分钟）	热身（5分钟）、托球绕桌跑（5分钟）、正手攻球初级（20分钟）、并步（5分钟）、牵拉放松（5分钟）
第二周	热身（5分钟）、对空颠球（5分钟）、正手攻球初级（20分钟）、小碎步（5分钟）、牵拉放松（5分钟）	热身（5分钟）、对空颠球（5分钟）、平击发球入门（10分钟）、正手攻球初级（10分钟）、折返跑（5分钟）、牵拉放松（5分钟）
第三周	热身（5分钟）、对空颠球（5分钟）、平击发球入门（10分钟）、反手攻球初级（10分钟）、俯卧撑（5分钟）、牵拉放松（5分钟）	热身（5分钟）、对墙颠球（5分钟）、平击发球初级（10分钟）、反手推挡初级（10分钟）、变向跑（5分钟）、牵拉放松（5分钟）
第四周	考核	乒乓球比赛
第五周	热身（5分钟）、对墙颠球（5分钟）、平击发球中级（10分钟）、1/2台正手两点攻初级（10分钟）、弓箭步跳（5分钟）、牵拉放松（5分钟）	热身（5分钟）、反手推挡和1/2台正手两点攻徒手动作（5分钟）、反手推挡中级（10分钟）、1/2台正手两点攻初级（10分钟）、跳绳（5分钟）、牵拉放松（5分钟）
第六周	热身（5分钟）、反手推挡和1/2台正手两点攻徒手动作（5分钟）、平击发球中级（10分钟）、1/2台正手两点攻初级（10分钟）、十字跳（5分钟）、牵拉放松（5分钟）	热身（5分钟）、反手推挡和1/2台正手两点攻徒手动作（5分钟）、反手推挡中级（10分钟）、1/2台正手两点攻初级（10分钟）、高抬腿（5分钟）、牵拉放松（5分钟）
第七周	热身（5分钟）、平击发球高级（5分钟）、并步（5分钟）、左推右攻初中级（20分钟）、牵拉放松（5分钟）	热身（5分钟）、平击发球高级（5分钟）、左推右攻初中级（20分钟）、T字跑（5分钟）、牵拉放松（5分钟）
第八周	考核	乒乓球比赛

（续表）

周次	第一节	第二节
第九周	热身（5分钟）、平击发球高级（5分钟）、1/2台正手两点攻中级（10分钟）、左推右攻初中级（10分钟）、单足跳（5分钟），牵拉放松（5分钟）	热身（5分钟）、平击发球高级（5分钟）、反手推拨高级（10分钟）、1/2台正手两点攻中级（10分钟）、开合跳（5分钟）、牵拉放松（5分钟）
第十周	热身（5分钟）、平击发球高级（5分钟）、正手攻球高级（10分钟）、左推右攻初中级（10分钟）、平板支撑（5分钟）、牵拉放松（5分钟）	热身（5分钟）、1/2台正手两点攻中级（10分钟）、左推右攻初中级（15分钟）、登山跑（5分钟）、牵拉放松（5分钟）
第十一周	热身（5分钟）、平击发球高级（5分钟）、反手推拨高级（10分钟）、1/2台正手两点攻中级（10分钟）、深蹲跳（5分钟）、牵拉放松（5分钟）	热身（5分钟）、1/2台正手两点攻中级（10分钟）、左推右攻高级（15分钟）、鸭子步（5分钟）、牵拉放松（5分钟）
第十二周	考核	乒乓球比赛
第十三周	热身（5分钟）、平击发球高级（5分钟）、1/2台正手两点攻中级（10分钟）、左推右攻高级（10分钟）、侧滑步（5分钟）、牵拉放松（5分钟）	热身（5分钟）、反手攻球高级（5分钟）、1/2台正手两点攻中级（10分钟）、左推右攻高级（10分钟）、仰卧/俯卧两头起（5分钟）、牵拉放松（5分钟）
第十四周	热身（5分钟）、正手攻球高级（5分钟）、1/2台正手两点攻中级（10分钟）、左推右攻高级（10分钟）、抛接球（5分钟）、牵拉放松（5分钟）	热身（5分钟）、平击发球高级（5分钟）、1/2台正手两点攻中级（10分钟）、左推右攻高级（10分钟）、开合跳（5分钟）、牵拉放松（5分钟）
第十五周	热身（5分钟）、反手攻球高级（5分钟）、1/2台正手两点攻中级（10分钟）、左推右攻高级（10分钟）、弓箭步（5分钟）、牵拉放松（5分钟）	热身（5分钟）、平击发球高级（5分钟）、1/2台正手两点攻中级（10分钟）、左推右攻高级（10分钟）、俯卧撑（5分钟）、牵拉放松（5分钟）
第十六周	考核	乒乓球比赛

（二）教学内容

1. 教学设备

Quest 2头戴显示器（头盔1个、左手柄1个、右手柄1个）、仿乒乓球拍支架。

2. 教学方案

乒乓球教学内容包括热身、球性球感或徒手动作、乒乓球技能训练、体能训练、放松拉伸和乒乓球比赛。

第一部分　热身

上肢：头部、扩胸、肩绕环、转体等，下肢：正踢腿、弓步拉伸、侧弓步拉伸、髋外展、手腕脚踝。

第二部分　球性球感或徒手动作

球性球感：对空颠球、托球绕桌跑、对墙颠球等。
徒手动作：平击发球、正手攻球、反手推拨、1/2台正手两点攻、左推右攻徒手动作。

第三部分　技能训练

以右手为例，主要有平击发球、正手攻球、反手推拨、1/2台正手两点攻、左推右攻等。

平击发球

学生站在球台一侧进行平击发球,球先击中本方台面后过网击中对方台面(图8-1)。

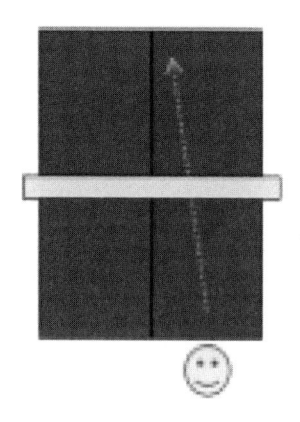

图8-1 平击发球

正手攻球

学生站在正手位,使用攻球技术击中对方台面。发球机定点向学生正手位1/3区域内(距球台端线30~55厘米)连续交替供球,球过网上缘高度8(±5)厘米,球速8(±1)米/秒,频率40(±5)个/分钟(图8-2)。

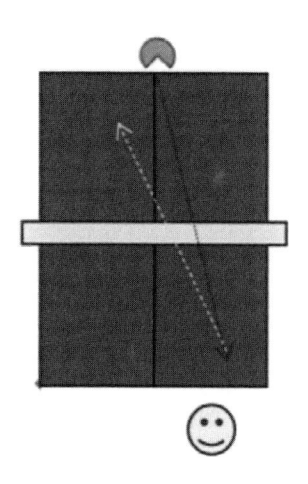

图8-2 正手攻球

◆▶ 反手推拨

学生站在反手位，使用攻球技术击中对方台面。发球机定点向学生反手位1/3区域内（距球台端线30~55厘米）连续交替供球，球过网上缘高度8（±5）厘米，球速8（±1）米/秒，频率40（±5）个/分钟（图8-3）。

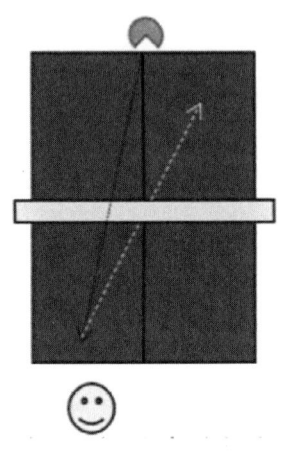

图8-3 反手拨球

◆▶ 1/2台正手两点攻

学生使用正手攻球在正手位1/2台区域内一边一个连续走位攻。发球机定点向学生正手位和中间1/3区域内（距球台端线30~55厘米）连续交替供球，球过网上缘高度8（±5）厘米，球速8（±1）米/秒，频率40（±5）个/分钟（图8-4）。

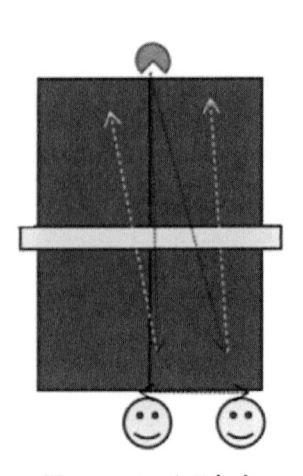

图8-4 正手两点攻

左推右攻

学生使用反手推或拨和正手攻球在全台区域内一正一反连续击球。发球机定点向学生正手位和反手位1/3区域内（距球台端线30～55厘米）连续交替供球，球过网上缘高度8（±5）厘米，球速8（±1）米/秒，频率40（±5）个/分钟（图8-5）。

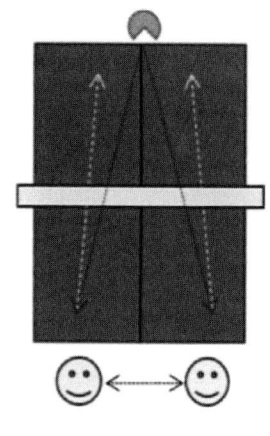

图8-5　左推右攻

第四部分　乒乓球比赛：
按照乒乓球相应规则进行教学比赛

学生进行平击发球后使用正手攻球、反手推拨等技术进行乒乓球比赛（图8-6）。

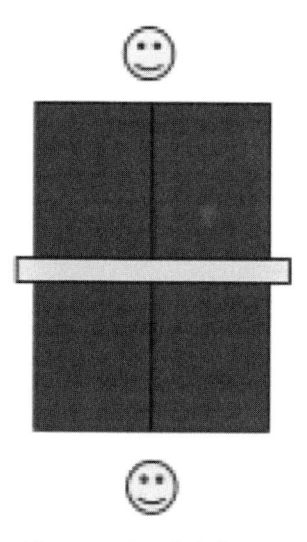

图8-6　乒乓球比赛站位

第五部分　体能训练：
乒乓球基本步法以及速度、协调、灵敏等身体素质训练

体能训练包括并步、高抬腿、开合跳、十字跳、小碎步、侧滑步、弓箭步跳、深蹲跳、登山跑、折返跑、平板支撑、俯卧撑、跳绳、抛接球等。

第六部分　放松动作：
静态拉伸

静态拉伸包括肩部拉伸、上臂拉伸、手腕手指拉伸、腓肠肌拉伸、股四头肌拉伸、手腕脚踝放松等。

第七部分　考核办法

▶ 小学
考试内容：正手攻球X和反手攻球Y。

测试评分：每名考生有40个球的机会，击中对方台面为成功一次。

S=S1+S2=50/40×X+50/40×Y（X、Y为击中次数）

▶ 初中
考试内容：平击发球X和左推右攻Y。

测试评分：每名考生有20个平击发球和40个左推右攻的机会，击中对方台面为成功一次。

S=50/20×X+50/40×Y（X、Y为击中次数）

▶ 高中
考试内容：平击发球X和左推右攻Y。

测试评分：每名考生有20个平击发球和40个左推右攻的机会，击中对方台面（离端线60厘米×全台宽度）为成功一次。

S=S1+S2=50/20×X+50/40×Y（X、Y为击中次数）

3. 详细步骤说明

第一步　设备穿戴

按照图8-7完成Quest 2头戴显示器和仿乒乓球拍支架手柄的穿戴。

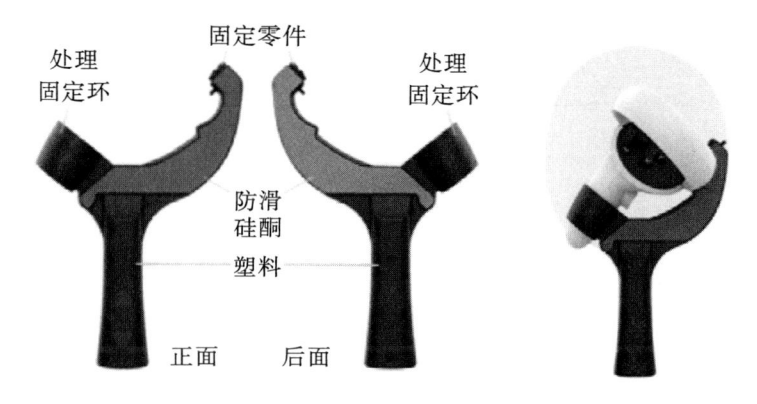

图8-7　球拍支架和固定手柄

第二步　乒乓球训练

按照图8-8至图8-12所示步骤设置左右手。

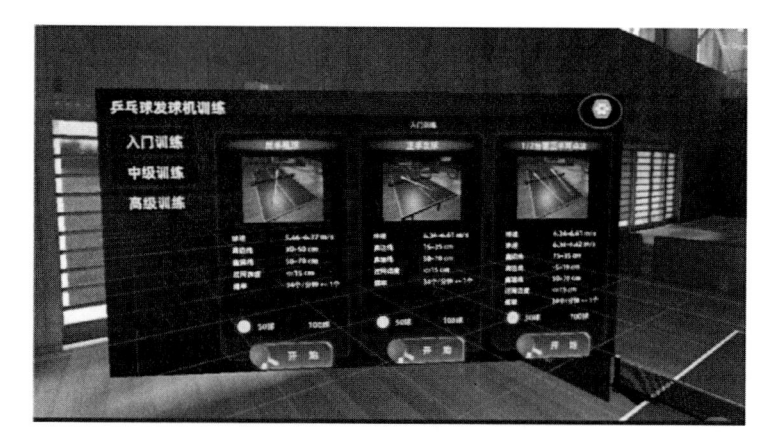

图8-8　软件首页界面，点击设置

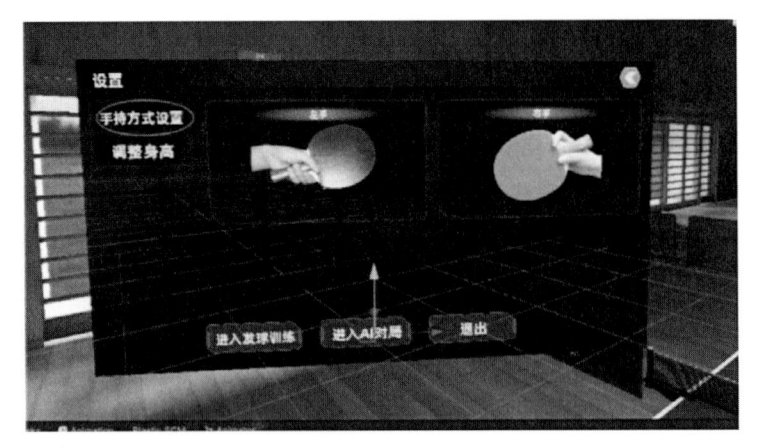

图8-9 设置界面,点击"手持方式"设置

图8-10 设置界面,点击"左手"或"右手",确认手持方式

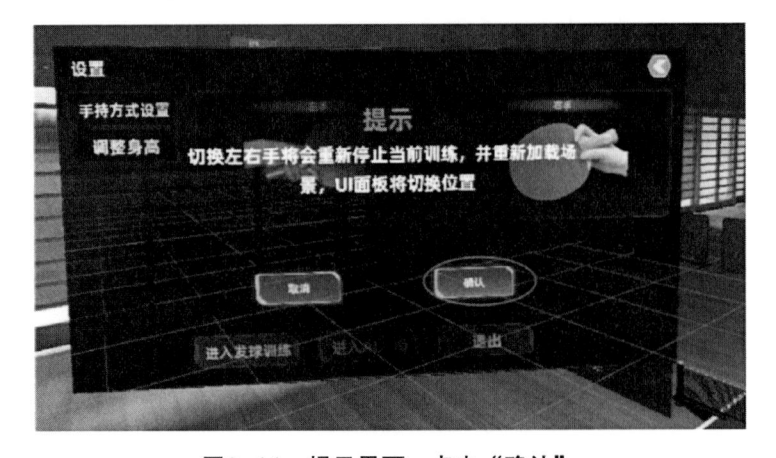

图8-11 提示界面,点击"确认"

图8-12　模式选择界面，用手柄选择模式

设置身高

点击"调整身高"按钮，进入设置界面，点击"+""-"符号调整身高（图8-13）。

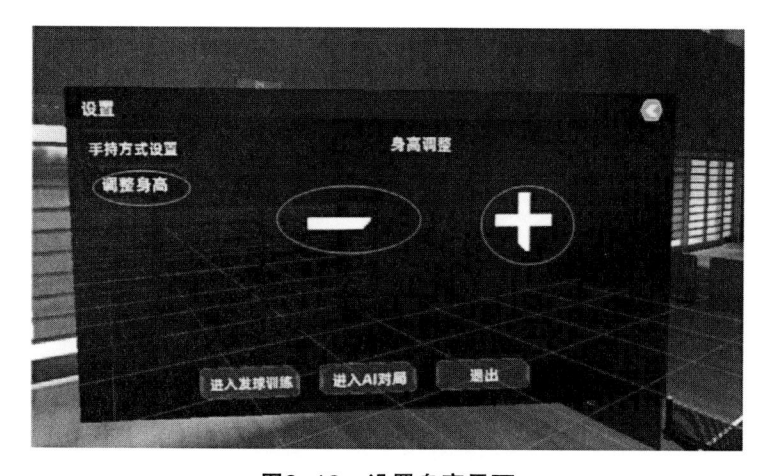

图8-13　设置身高界面

⋯▶ 选择训练项目
  · 选择难度（图8-14）。

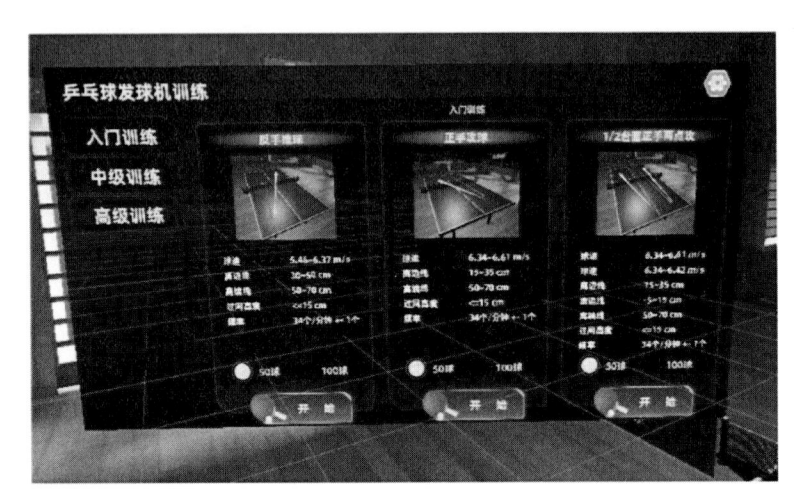

图8-14 难度选择界面

· 选择训练内容并开始。
· 击发球机发出的来球至目标区域，击中目标区域计算得分（图8-15）。

图8-15 训练中界面

以发球训练为例

- 选择难度和击球数量，点击"开始"进行训练（图8-16）。

图8-16 发球训练界面

- 训练开始后，使用非惯用手，按压扳机键，生成乒乓球，做匀速向上运动（抛球动作），松开扳机键可抛起乒乓球。
- 用乒乓球拍击打乒乓球，先击到己方球台后落到对方台面目标区域（图8-17）。

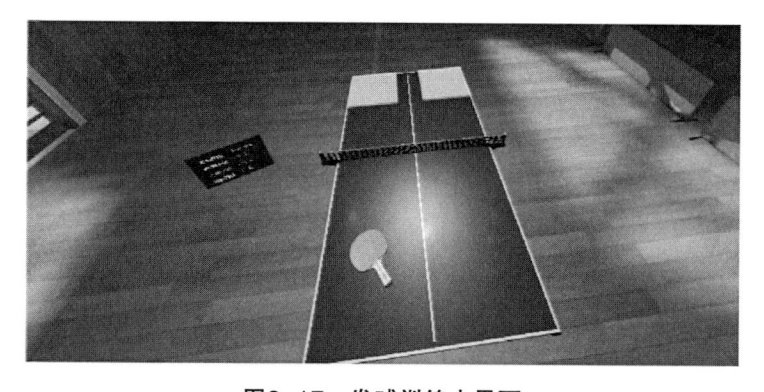

图8-17 发球训练中界面

小结

虚拟仿真技术当前成为中小学乒乓球教学中不容忽视的重要技术，本章节通过具体的教学案例设计，介绍了乒乓球虚拟仿真教学的优势，为乒乓球教学的相关问题提供了解决方案。

习题

1. 请简要说明乒乓球虚拟仿真教学的优势。
2. 请列举其他适用于开展乒乓球教学的虚拟现实设备。
3. 想一想，除了乒乓球，还有哪些运动适合使用虚拟现实技术开展教学？

第九章
体育教学应用与实践案例
——雪车、高山滑雪

一、虚拟仿真技术在雪车、高山滑雪中的应用与优势

二、雪车虚拟仿真教学设计——线上教学

三、高山滑雪虚拟仿真教学设计——线下教学

雪车，又被称为有舵雪橇，英文名为"BOBSLEICH"，是集体乘坐雪车，乘坐者乘坐可操纵方向的雪橇在冰道上滑行。中国目前仅有的一条雪车雪橇主赛道在北京2022年冬奥会延庆赛区，该赛道为全世界第17条、亚洲第3条、中国首条。因此，在校的相关体育专业学生想要在实际的赛道上进行练习，几乎是不可能的。另外，在南方很多高校，没有寒冷的气候条件，经费也有限，难以在校园里制造满足学生需求的冰场和雪场，开展真正的冰雪运动实践非常困难。冰雪运动动作技术虚拟仿真教学为学生学习冰雪运动技术提供了良好的虚拟练习场所，为学生在校学习冰雪运动知识、技术技巧，做好理论和实战的有效连接，在提高学生学习的有效性方面具有积极的意义。

高山滑雪起源于阿尔卑斯山地区，又称"阿尔卑斯滑雪"或"山地滑雪"。通常是以滑雪板和滑雪杖为工具，从覆雪坡面由上至下滑行和回转的运动。2018年11月，教育部专题研讨了"关于推进冰雪运动进校园"，提出"要全面推进冰雪运动的普及与竞技水平的提高"。

一、虚拟仿真技术在雪车、高山滑雪中的应用与优势

冰雪运动动作技术虚拟仿真教学实验平台可以使学生们在不具备滑雪条件的情况下，充分了解冰雪运动的内容、战术动作、技术要领。平台在冰雪项目竞技能力模型分析的基础上，尤其是在深入研究雪车、雪橇、冰球等项目特征的基础上，通过多学科交叉开发了冬季竞速类和团体球类项目科学训练监控平台，并基于高校在运动技战术领域成立的联合创新教学实验小组，致力于通过虚拟现实技术构建雪车、雪橇、高山滑雪和冰球四

个冰雪项目的虚拟仿真教学项目。以雪车项目为例，在真正的比赛中，出发信号发出60秒之内，运动员需要以手推雪车奔跑起动获得初始速度，推行距离约为50米。之后逐一跳入车体中，四人车按照舵手、中间队员、刹车手的顺序，双人车按照舵手、刹车手顺序依次跳入车体当中，并快速收起把手，成坐姿滑行。雪车装有把手，雪车底部有两组独立的滑行钢刃，舵手通过雪车内两个把手控制的滑轮系统驾驶雪车。整个比赛过程中，运动员对雪车的控制技巧显得尤为重要。在冰雪运动动作技术虚拟仿真教学实验平台中，学生通过实时控制感应把手，从而实现对虚拟平台中雪车的控制。雪车根据使用人员的控制方式做出不同的反应，从雪车的反应来判断操作的正确与否，并在练习中提升操作技术，为实际比赛做准备。这样就解决了现实条件中没有正规比赛场地的问题，实现了课堂学习和实际操作的衔接，提高了学生的实际操作能力，保证了课堂效率。

针对高山滑雪的特点，从教学内容、教学手段及教学重难点来看，高山滑雪教学相比其他体育项目的教学存在更多的难点。高山滑雪教学富含挑战性，并且具有较高的风险，对学生身体素质及各方面技术特性要求较高。高山滑雪的教学环境复杂，主要在依托自然环境的滑雪场中展开教学训练。诸多学者针对高山滑雪教学存在的问题进行深入剖析，认为影响高山滑雪课教学效果的因素有场地器材选择不当、学生自身恐惧和身体素质低下，以及教师教学方法选择不合理。在高山滑雪教学中，学生恐惧心理与教师在教学中言行不当，以及滑雪板长度、选用雪场坡度关系密切。因此，在滑雪项目教学中，应用虚拟仿真技术可以有效减少运动损伤，提高教学效果，促进该项目可持续发展。同时，借助多媒体辅助教学，传授高山滑雪文化，并把高山滑雪中的一些典型动作加以展示，可以有效吸引学生的兴趣，推动冰雪运动的发展和普及。由于虚拟仿真技术在实践发展过程中具备并呈现出的系列交互性、构思性和逼真性等发展特点，能为教学环境提供更具生动性、真实性的环境场域，解决传统教学实践过程中场地环境、教学实践等方面存在的问题，为体育教学提供重要的技术保障。此外，在滑雪等新兴体育运动项目发展过程中，虚拟仿真技术可以克服诸如器材环境配备不完整、学生存在恐惧心理等问题，进一步为该类体育运动项目教学效果提升提供重要保障。

二、雪车虚拟仿真教学设计——线上教学

（一）教学设计

1. 教学设备

"冰雪运动技战术虚拟仿真实验"教学平台。

2. 雪车运动课程安排（表9-1）

表9-1 雪车运动线上虚拟教学计划

步骤序号	步骤目标要求	步骤合理用时	目标达成度赋分模型	步骤满分	成绩类型
1	查看实验简介	3分钟	完成查看—5分 跳过查看—0分	5	操作成绩 实验报告 预习成绩 教师评价报告
2	观看雪车运动员比赛视频	5分钟	完成观看—5分 跳过观看—0分	5	
3	选择学习模式或者考核模式	1分钟	正确选择—5分 错误选择—0分	5	
4	选择学习模式进入	1分钟	顺利进入—5分 错误进入—0分	5	
5	了解赛道知识	3分钟	完成观看—5分 跳过观看—0分	5	
6	查看雪车3D模型	3分钟	完成查看—5分 跳过查看—0分	5	

（续表）

步骤序号	步骤目标要求	步骤合理用时	目标达成度赋分模型	步骤满分	成绩类型
7	查看赛道3D模型	3分钟	完成查看—5分 跳过查看—0分	5	操作成绩 实验报告 预习成绩 教师评价报告
8	学习驾驶技术图文说明	5分钟	完成学习—5分 跳过学习—0分	5	
9	进行实验训练	30分钟	熟练掌握各种技巧，顺利完成实验—30分 无重大失误，较为熟练的完成实验—20分 有多次失误，但能完成实验—10分 无法完成实验—0分	30	
10	完成考核	20分钟	根据考核内容打分	30	
11	等待考核结果	5分钟	等待结果，无法跳过	0	

（二）教学内容

1. 主要教学知识点

雪车比赛知识

对雪车、雪橇比赛的场地、赛道结构，以及比赛器材的使用要点进行全面的了解，熟悉比赛规则并分析比赛重点和取胜技巧，从中了解比赛中存在的困难和相应的解决办法。运用虚拟现实技术将比赛的要点展现得更加直观，更利于学生判断掌握。

雪车控制技术

了解雪车的制动原理和控制原理，以及车体配重和运动员体重的关系，学习雪车出发、加速、转弯、减速等阶段车的状态和重心变化，以及应对技巧，同时了解雪车运动存在的安全隐患和解决办法，提升学生的操作预判经验及对雪车的控制技巧。

雪车出发技术

加速和滑行阶段与比赛成绩显著相关，因此在运动训练实践中，学生需要掌握相应的技术技巧及团队协作能力，保证该阶段通过快速起动技术进行加速，使"人—车"达到最大速度以跳上雪车；还要保证在滑行阶段运用技术减小雪车与赛道的摩擦，避免速度过多损失。

雪车快速过弯技术

良好的滑行技术主要取决于运动员的技术水平、雪车类型，以及运动员的身体形态，其中技术水平是影响运动成绩的关键性因素。学生需要掌握快速转弯时肩、膝转向技巧，在保持转弯曲度的同时避免速度的损失。

雪车技战术和战略拟定

熟练掌握雪车最基本的技战术，包括配重、起跑、加速、惯性转弯、急停等技术。根据前期学习实践积累的经验，结合真实比赛视频，以赢得比赛为目的，拟定自己的战术战略，并结合拟定的战略与实践练习，根据练习结果进行战略调整，提升竞赛能力。

2. 详细步骤说明

第一，学生登录后进入系统，查看实验简介。

学生进入平台，按要求输入正确的账号及密码，进入实验场景，通过点击进行实验简介的查看，系统为中英双语，学生可自行选择程序语言（图9-1、图9-2）。

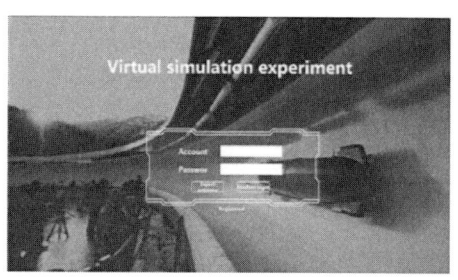

图9-1　登录界面

图9-2　实验简介界面

第二，视频演示，观看雪车运动员比赛视频。

学生点击页面"冬季运动场地规则介绍"进入虚拟场景。首先播放雪车、高山滑雪、冰球比赛等项目的视频介绍（图9-3）。

图9-3　冬季运动场地规则介绍

87

第三，选择学习模式或考核模式。

学生根据自身情况，进行实验模式的选择（图9-4）。

图9-4 不同模式选择界面

第四，选择学习模式进入"雪车知识了解"，出现相应的图片及文字说明（图9-5）。

选择学习模式进入，出现中文字提示"首先判断运动项目类型"。此时出现不同项目（钢架雪车、雪橇、雪车）比赛虚拟仿真场景。在虚拟场景互动时，出现相应的判断方法文字说明。根据实验场景中文字提示，首先判断不同的比赛项目。此时出现特定项目的场地信息及规则介绍。

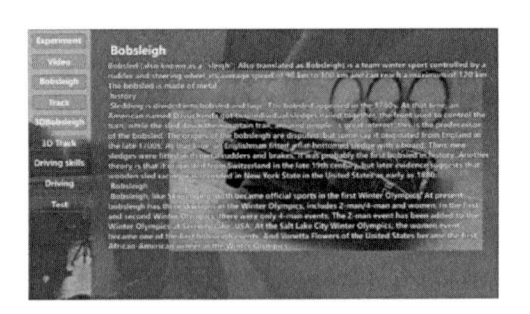

图9-5 雪车知识介绍界面

第五，点击"赛道知识了解"，出现相应的图片及文字说明。

点击"赛道知识了解"，出现我国雪车赛道的俯瞰图，并配以详细的文字介绍，呈现给学生整体的、全面的赛道信息（图9-6）。

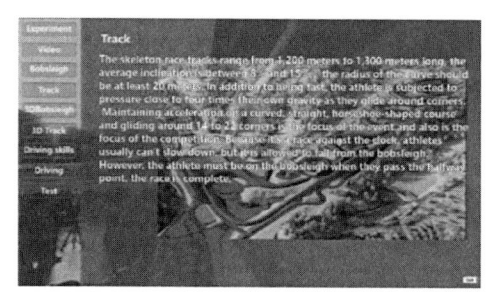

第九章 体育教学应用与实践案例——雪车、高山滑雪

图9-6 赛道知识介绍界面

第六，点击"模拟体验"，选择雪车，进入虚拟场景查看雪车3D模型。

3D雪车模型可进行360°旋转，可以给学生提供全面的雪车构造视图，让学生了解雪车的驾驶原理和滑行原理（图9-7）。

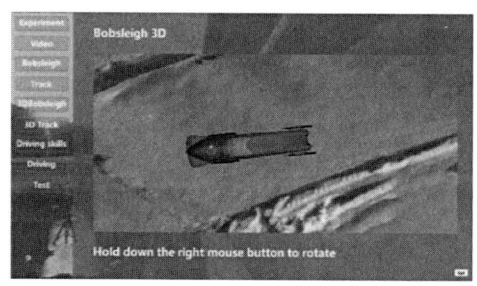

图9-7 雪车预览界面

第七，点击模拟体验，选择赛道，进入虚拟场景查看赛道3D模型。

3D赛道模型可进行360°旋转，可以提供给学生全面的赛道知识，让学生了解赛道不同阶段的状态（图9-8）。

图9-8 查看赛道3D模型界面

第八，点击"雪车驾驶技术学习"，出现对应驾驶技术学习的图文说明。

根据特定项目的出发虚拟场景实时交互动画，以及相应的装备介绍，分辨特定运动项目的运动员出发技术。采用人机交互虚拟操作，掌握雪车出发技术，包括双手出发、单手出发等出发技术的不同特点（图9-9）。

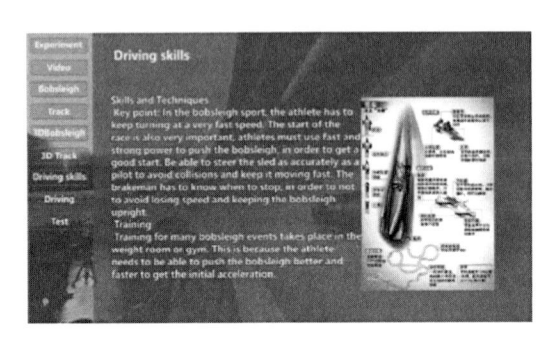

图9-9　雪车驾驶技术英文介绍界面

第九，实验模拟，进入实验场景驾驶雪车，模拟比赛场景。

进入模拟比赛场景，实时对雪车进行控制，通过保持雪车的速度、适时改变雪车方向，掌握避免雪车撞上墙壁、滑出赛道等技巧，提升对雪车的操控能力（图9-10）。

图9-10　雪车模拟比赛场景

第十，考核模式，根据学习内容进行考核（图9-11）。

选择考核模式，对以上学习内容进行考核。在观看雪车、雪橇不同出发速度的比赛录像后，归纳雪车、雪橇不同出发速度对总成绩的影响。在完成归纳雪车、雪橇不同出发速度对总成绩的影响后，标注不同出发速度对不同性别运动员总成绩的影响。

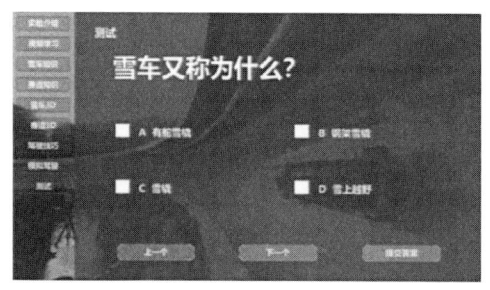

图9-11 考核测试界面

三、高山滑雪虚拟仿真教学设计——线下教学

（一）教学设计

高山滑雪教学内容包括基本技能（变向、登坡、犁式滑降、犁式转弯）、不同场景VR练习和身体素质练习。详细课程安排如下（表9-2）。

表9-2 高山滑雪线下虚拟教学计划

周次	第一节	第二节
第一周	热身5分钟、技术练习8分钟（原地和行进的走）、VR练习10分钟（原地和行进的走）、技术实践8分钟（原地和行进的走）、身体素质练习5分钟、牵拉放松4分钟	热身5分钟、技术练习8分钟（原地和行进的走）、VR练习10分钟（原地和行进的走）、技术实践8分钟（原地和行进的走）、身体素质练习5分钟、牵拉放松4分钟
第二周	热身5分钟、技术练习8分钟（蹬坡）、VR练习10分钟（蹬坡）、技术实践8分钟（蹬坡）、身体素质练习5分钟、牵拉放松4分钟	热身游戏5分钟、技术练习8分钟（蹬坡）、VR练习10分钟（蹬坡）、技术实践8分钟（蹬坡）、身体素质练习5分钟、牵拉放松4分钟

(续表)

周次	第一节	第二节
第三周	热身5分钟、技术练习8分钟（滑行、制动）、VR练习10分钟（滑行、制动）、技术实践8分钟（滑行、制动）、身体素质练习5分钟、牵拉放松4分钟	热身5分钟、技术练习8分钟（滑行、制动）、VR练习10分钟（滑行、制动）、技术实践8分钟（滑行、制动）、身体素质练习5分钟、牵拉放松4分钟
第四周	考核	考核
第五周	热身5分钟、技术练习8分钟（直滑降技术）、VR练习10分钟（直滑降技术）、技术实践8分钟（直滑降技术）、身体素质练习5分钟、牵拉放松4分钟	热身5分钟、技术练习8分钟（直滑降技术）、VR练习10分钟（直滑降技术）、技术实践8分钟（直滑降技术）、身体素质练习5分钟、牵拉放松4分钟
第六周	热身5分钟、技术练习8分钟（直滑降的辅助练习）、VR练习10分钟（直滑降的辅助练习）、技术实践8分钟（直滑降的辅助练习）、身体素质练习5分钟、牵拉放松4分钟	热身5分钟、技术练习8分钟（直滑降的辅助练习）、VR练习10分钟（直滑降的辅助练习）、技术实践8分钟（直滑降的辅助练习）、身体素质练习5分钟、牵拉放松4分钟
第七周	热身5分钟、技术练习8分钟（犁式滑降技术）、VR练习10分钟（犁式滑降技术）、技术实践8分钟（犁式滑降技术）、身体素质练习5分钟、牵拉放松4分钟	热身5分钟、技术练习8分钟（犁式滑降技术）、VR练习10分钟（犁式滑降技术）、技术实践8分钟（犁式滑降技术）、身体素质练习5分钟、牵拉放松4分钟
第八周	热身5分钟、技术练习8分钟（犁式滑降辅助练习）、VR练习10分钟（犁式滑降辅助练习）、技术实践8分钟（犁式滑降辅助练习）、身体素质练习5分钟、牵拉放松4分钟	热身5分钟、技术练习8分钟（犁式滑降辅助练习）、VR练习10分钟（犁式滑降辅助练习）、技术实践8分钟（犁式滑降辅助练习）、身体素质练习5分钟、牵拉放松4分钟

（续表）

周次	第一节	第二节
第九周	考核	考核
第十周	热身5分钟、技术练习8分钟（犁式转弯技术）、VR练习10分钟（犁式转弯技术）、技术实践8分钟（犁式转弯技术）、身体素质练习5分钟、牵拉放松4分钟	热身5分钟、技术练习8分钟（犁式转弯技术）、VR练习10分钟（犁式转弯技术）、技术实践8分钟（犁式转弯技术）、身体素质练习5分钟、牵拉放松4分钟
第十一周	热身5分钟、技术练习8分钟（半犁式转弯技术）、VR练习10分钟（半犁式转弯技术）、技术实践8分钟（半犁式转弯技术）、身体素质练习5分钟、牵拉放松4分钟	热身5分钟、技术练习8分钟（半犁式转弯技术）、VR练习10分钟（半犁式转弯技术）、技术实践8分钟（半犁式转弯技术）、身体素质练习5分钟、牵拉放松4分钟
第十二周	热身5分钟、技术练习8分钟（犁式转弯辅助练习）、VR练习10分钟（犁式转弯辅助练习）、技术实践8分钟（犁式转弯辅助练习）、身体素质练习5分钟、牵拉放松4分钟	热身5分钟、技术练习8分钟（犁式转弯辅助练习）、VR练习10分钟（犁式转弯辅助练习）、技术实践8分钟（犁式转弯辅助练习）、身体素质练习5分钟、牵拉放松4分钟
第十三周	考核	考核
第十四周	热身5分钟、技术练习8分钟（犁式转弯过旗门技术）、VR练习10分钟（犁式转弯过旗门技术）、技术实践8分钟（犁式转弯过旗门技术）、身体素质练习5分钟、牵拉放松4分钟	热身5分钟、技术练习8分钟（犁式转弯过旗门技术）、VR练习10分钟（犁式转弯过旗门技术）、技术实践8分钟（犁式转弯过旗门技术）、身体素质练习5分钟、牵拉放松4分钟
第十五周	热身5分钟、技术练习8分钟（半犁式转弯过旗门技术）、VR练习10分钟（半犁式转弯过旗门技术）、技术实践8分钟（半犁式转弯过旗门技术）、身体素质练习5分钟、牵拉放松4分钟	热身5分钟；技术练习8分钟（半犁式转弯过旗门技术）、VR练习10分钟（半犁式转弯过旗门技术）、技术实践8分钟（半犁式转弯过旗门技术）、身体素质练习5分钟、牵拉放松4分钟
第十六周	考核	考核

（二）教学内容

1. 教学设备

Quest 2 头戴显示器（头盔1个、左手柄1个，右手柄1个）、腿部支架、绑带。

2. 教学方案

教学内容主要是高山滑雪关键技术。

第一部分　变向技术

变向技术如图9-12～图9-14所示。

图9-12　板尖展开变向动作

图9-13　板尾展开变向动作

图9-14　前转180°变向动作

第二部分 登坡技术

登坡技术如图9-15、图9-16所示。

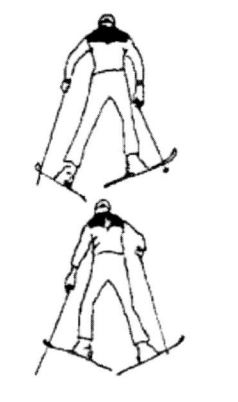

图9-15 "V"字登坡动作

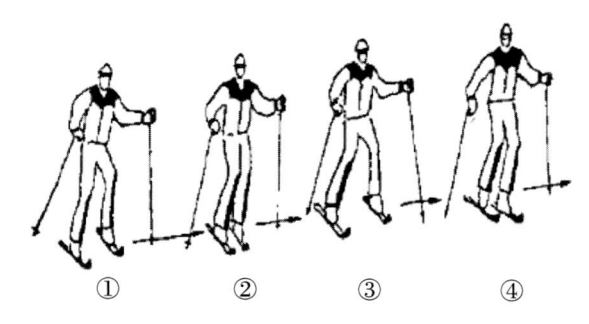

图9-16 双板平行登坡动作

第三部分 犁式滑降

犁式滑降如图9-17、图9-18所示。

图9-17 直膝大犁式

图9-18 直膝小犁式

第四部分　犁式转弯

犁式转弯如图9-19所示。

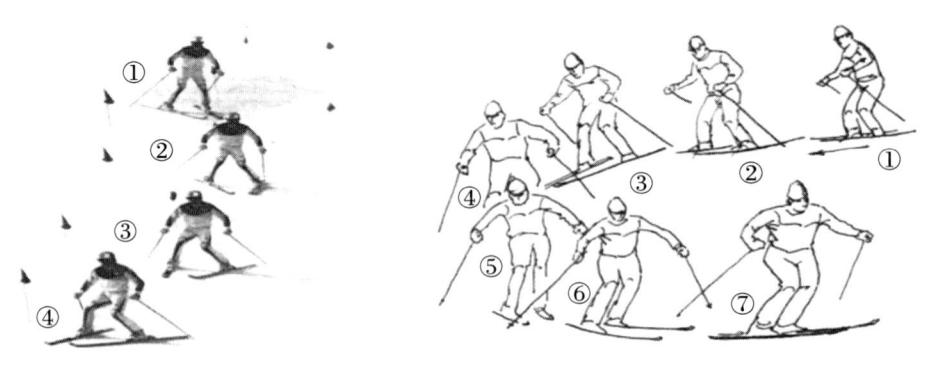

图9-19　犁式转弯

3. 详细步骤说明

高山滑雪线下教学需穿戴好虚拟现实设备，进入冰雪运动训练平台开展训练。具体步骤如下。

第一步　运动热身

运动前期准备活动包括热身（5分钟）、体能训练和技能训练（20~30分钟分钟）、拉伸（5分钟）。教师指导学生分散于操场或体育馆中，以2米间距相隔，开展前后小跑、双腿侧向跳、前后弓步、大腿后侧外展等热身活动。

第二步　设备穿戴

穿戴腿部设备

使用绑带将支架固定在图9-20腿部位置，分别将手柄安装进对应的支架。

图9-20　穿戴腿部设备

第九章 体育教学应用与实践案例——雪车、高山滑雪

▶ 佩戴Quest 2头戴显示器（图9-21）

图9-21　全设备佩戴完毕

第三步　学生打开软件，选择教学内容

学生可使用手柄的圆盘切换训练背景，按下扳机键确认选择，以刹车教学为例（图9-22、图9-23）。

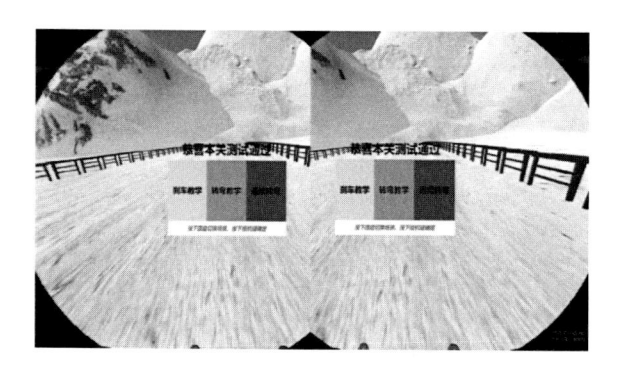

图9-22　训练内容选择界面

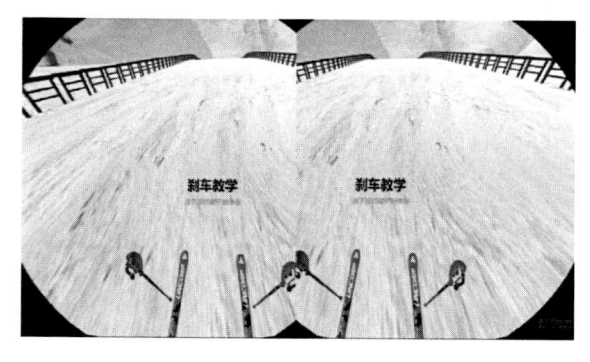

图9-23　进入刹车教学界面

97

第四步　学生根据界面提示，做出对应的动作，开始训练

具体界面提示如图9-24～图9-29所示。

图9-24　训练开始前的定位等待界面，两个3秒的等待时间

图9-25　刹车教学开始界面

图9-26　提示操作犁式刹车，显示判定时长

图9-27　刹车教学通过界面

图9-28 线下单人练习

图9-29 体育馆中多人同时练习

（三）考核

1. 场地条件

1000米跑道，仿照中级雪道测试。滑行测试一次，大回转技评在实战测试中完成，测试设8～10个旗门。

2. 测试方法

结合滑雪竞赛形式，采用单人一组的方式测试。

3. 评分标准

优（86~100分）：基本姿势正确，滑行动作轻松流畅。
良（76~85分）：基本姿势正确，滑行动作较轻松流畅。
中（60~75分）：基本姿势正确，滑行动作略显紧张。
差（60分以下）：基本姿势不够清晰，滑行动作存在问题。

小结

本章通过线上与线下相结合的冰雪教学，让更多学生接触到冰雪运动，虚拟仿真技术在冰雪项目中的应用也为该类体育运动项目教学效果提升提供了重要保障。

习题

1. 请说明钢架雪车、滑雪运动的特点及种类有哪些？
2. 钢架雪车、滑雪运动的基本姿势及主要技术有哪些？
3. 谈谈钢架雪车线上教学和滑雪线下教学的利与弊。

参考文献

[1] 郑芳媛. 普通高校游泳教学初探[J]. 山西财经大学学报, 2012, 34 (S2): 79.

[2] 陈健, 姚颂平. 虚拟现实技术在体育运动技术仿真中的应用[J]. 体育科学, 2006 (9): 34-39.

[3] 刘炼, 孙慧佳. 虚拟现实技术在舞蹈教学中的应用现状及设计要求[J]. 中国电化教育, 2014 (6): 85-88.

[4] 刘衡, 冯婷. 基于虚拟现实技术的体育教学模式的实践与思考[J]. 北京师范大学学报: 自然科学版, 2013, 49 (6): 649-652.

[5] 王冬. 基于虚拟仿真系统在体育教学中的应用研究[J]. 科技风, 2020, 422 (18): 92-93.